富木謙治口述

合気道と柔道

～柔術を科学的に解明して世界の「体育」に～

稲門合気道会 編

本書は一九七五年（昭和五十年）頃の口述の音声データを元に書き起こしていますが、名称及び表現、時系列を表す表記は必要に応じて追記するなどしています。時代状況や人物に関する記述は適切でない表現も含まれる場合がありますが、そのままの表現を残しているものもあります。ご了承ください。

1927年（昭和2年）初夏に撮影された、植芝盛平先生と竹下勇海軍大将の稽古時の集合写真。柳生新陰流の達人下條小三郎師や海軍関係者らとともに、早大大学院生の富木謙治がいる。富木はこの年の夏休みを綾部の植芝先生のもとで暮らしており（本文96ページ）、同年秋に植芝先生が東京に移られてから、竹下大将が主宰した同好会で幹事兼助手として植芝先生の指導を受け（本文40ページ）、竹下大将の強い勧めもあって合気道の研究を志した（人物紹介は95ページ）

写真提供：三浦家（竹下節氏の嫁ぎ先）

1942年（昭和17年）、満洲（現中国東北部）にて植芝盛平先生（前列右）と。植芝先生の左に富木謙治、後ろに大庭英雄*先生。「満洲国」建国10周年行事で渡満された植芝先生は、富木謙治宅に約1か月間逗留された（本文42ページ）

1942年(昭和17年)、満洲にて植芝盛平先生(中央)と。植芝先生の左に富木謙治、右に大庭英雄先生

＊大庭 英雄（おおば ひでお）

1910年（明治43年）～1986年（昭和61年）。秋田県仙北郡中川村に生まれ、秋田県立角館中学校（現角館高等学校）卒業。日本合気道協会第二代会長。合気道九段、講道館六段。剣道(四段)、薙刀(三段)、居合、銃剣道、弓道なども修行する。戦前は、「満洲国」で建国大学柔道・合気武道助教等を務め、戦後は秋田県警察本部の柔道担当の術科係長等を務めた。1960年（昭和35年）から早稲田大学体育局講師及び合気道部師範。他にも成城、国士舘、明治などの各大学や青山のレスリング会館などで多くの学生、社会人に合気道を指導した。富木謙治が1931年（昭和6年）に秋田県立角館中学校に公民科の教諭として赴任した折に、当時県下無敵と言われ同校の柔道助教をしていた大庭英雄と運命的に出会って以来、両者は柔道と合気道の生涯の師弟関係を結び、大庭は富木が講道館柔道に倣って合気道の近代化を進めるうえでの唯一のパートナーであり、普及に際して指導現場の一切を任された。

目次

岡部央（表紙写真撮影。富木昌子日本合気道協会会長の夫君。一九七〇年代半ば、東京井荻の富木謙治の自宅にて）
佐藤忠之（イラスト・イラスト監修）　日野浦剛（イラスト）

はじめに

富木謙治先生を囲む座談会は、昭和五十年（一九七五年）頃、三宅綱子《みやけつなこ》*先生と私、井上斌（早稲田大学合気道部 昭和四十二年卒）が企画しました。

富木先生を囲んで合気道を始めとする武道の話を思いつくまま語っていただき、時には我々門人の疑問に答えていただこうと、月一回、土曜日の午後に開催。場所は「ご馳走を食べないと頭が働かない」という三宅先生の意見に賛同し、六本木交差点付近の中華料理「六本木随園」で行いました。メンバーは三宅先生と私、剛柔流師範の大塚忠彦《おおつかただひこ》*さん、他数名で毎回八〜十二名の参加者がありました。この座談会を録音したテープは、三宅先生が清水秀紀さん（同 昭和四十一年卒）に管理を依頼され大切に保管されました。

それから時を経ること約四十年、藤田世潤君（同 昭和五十一年卒）がテープ起こしを申し出たことによって、富木先生口述録の出版が現実のものとなりました。

約四十年間、眠っていたテープは順番も定かでなく、話しが佳境に入ったところでテープが止まってしまっているものもありました。全十巻、総録音時間七時間を超えるテープは、録音状態も悪く、藤田君の想像を絶する努力で文章化が行われたことを記しておきます。校正は私と佐藤忠之師範（同 昭和五十六年卒）及び北山正信君（同 昭和四十四年卒）がいたしました。

富木先生の肉声をご存知ない方もいらっしゃると思いますので、整音して音声データもつけることとしました。口述文は読みやすくするために編集してありますので、音声と異なることをご了承ください。富木先生の思いを辿りながら、江戸時代の柔術から柔道、そして合気道の未来までともに考えていただけますと幸甚です。

井上斌

＊三宅 綱子

一九二六年（大正十五年）〜。北海道札幌市出身。一九四七年（昭和二十二年）日本体育大学（旧専門学校）卒。一九四四年（昭和十九年）講道館入門、一九六五年（昭和四十年）講道館女子五段。一九七五年（昭和五十年）合気道六段。日本体育大学（武道学科講師）、講道館女子部、日本武道館、米軍基地、朝日カルチャーセンター等々の各所で指導に当たる。合気道、空手、杖道、太極拳等々広く武道を修行し、応用武道アカデミーを主宰する。さらに浪越徳次郎に指圧の指導も受ける。女子柔道が競技化される以前に、男性に伍する乱取りの実力があると評された。

＊大塚 忠彦

一九四〇年（昭和十五年）〜二〇一二年（平成二十四年）。剛柔流空手道師範。明治大学出身。剛柔拳舎館長。三宅綱子とともに楊名時に太極拳を学び、NPO法人東京都武術太極拳連盟理事長も務める。

第一章

戦後の武道教育

「体育」という考え方

私は昭和二十年に満洲にいて抑留生活をして、二十三年の暮れに引き揚げてきました。二十四年から新制大学が始まったわけですが、私は裸一貫で何をしようかと思っていましたら、大濱信泉《おおはまのぶもと》*さんが「いいところに帰ってきた」と声をかけてくださったんです。ちょうど、どこの大学も体育の問題を誰がどうやるかということで困っていたんですね。体育を手掛けたり、興味を持ったりする人が少ないわけですよ。早稲田には運動部の選手をしたという人、在学中にスポーツが上手かったという人はざらにおるんです。けれど、学校の先生をしている人がいない。ほとんど会社に勤めていました。

私は幸い、子供の時から武道が好きで、体育学や武道学というものではないですけど、興味を持っておりました。満洲で建国大学という、武道を非常に重んじる大学に勤めていまして、大学には教務部というのがあるでしょ。先生の中で教務関係を担当する人。昔の時代ですから、大学生に軍事教練をやったんですよ。なぜかというと満洲国を国造りする指導者ですから、いざという場合には軍人を指揮するくらいの能力を与えねばならんということで、陸軍大佐の連隊長の経験のある人がそういう方面の仕事を中心に担当した。そういう部門の担当を私はやっていたんです。武道に関する古書も多少読んでいました。

満洲から帰ってきて何をしようかと思っていたら、今度はアメリカさんの大学組織を真似して「体育」というものを正課で置くようになった。それで私がその上に乗ったということです。

それから私は、西洋流の体育学というものの勉強を始めた。そこで考えたことは、どうしてもこれは西洋流のスポーツ論からいうと武道はそっちのけになっている。何とか新しい光を当てて、再出発しなきゃいかんと。

嘉納治五郎先生

私が帰ってまいりましたときには、講道館はほとんど解散になってしまい、全国の柔道の有段者会は解散を命じられていました。柔道も体協に加盟しなければ復活はできないわけです。学校ではやれない。いわんや、オリンピックのごときとは関係ない。加盟するためには、下から盛り上がった各県の連合体としての組織にしないといけないわけです。講道館が起きたのはいまから百年も前で、嘉納《かのう》治五郎《じごろう》*先生は世界に柔道を広めたけれど、それは町道場を大きくしたに過ぎない。こういう考え方なんです。上からの組織は一切ご破算というのが進駐軍の意見でした。

＊大濱 信泉
一八九一年（明治二十四年）～一九七六年（昭和五十一年）。早稲田大学法学部教授。第七代早稲田大学総長を一九五四年（昭和二十九年）から一九六六年（昭和四十一年）まで務める。

＊嘉納 治五郎
一八六〇年（万延元年）～一九三八年（昭和十三年）。講道館創始者、教育者。教育の父、体育の父といわれる。一八八二年（明治十五年）に講道館を設立する。一八八三年（明治十六年）に起倒流皆伝。東京帝国大学卒業後、学習院教頭、第五高等中学校（現熊本大学）校長等を歴任し、第一高等中学校（現東京大学教養学部）校長、東京高等師範学校（東京教育大学、後に現筑波大学）校長及び文部省参事官を兼務する。一九〇九年（明治四十二年）に日本人初のＩＯＣ（国際オリンピック委員会）委員になる。

戦後、柔道を復活させる条件

まず柔道を復活する前に全日本の柔道連盟を作らなければならない。帰ってきて仕事がないものですから、講道館でお前がやってくれということで事務局を担当しました。澤逸與《さわいつよ》＊というおじいさん、総務部長さんがいらしたが、私は常任幹事で、当時は毎日講道館に行っていました。昭和二十四年から二十九年まで常任幹事をやって、そのあとに老松信一《おいまつしんいち》＊という先生がやった。

体協に加盟するについては、アマチュア規定とかいろいろな難しい問題がありましてね。当時の全日本の柔道選手権大会は、大体、私が企画しました。柔道を世界的に発展させるには、新しい機構と、新憲法に基づく教育理念が必要です。戦前の文部省が出していたものとはだいぶ違います。これを軌道に乗せなければ、同じ剣道、柔道をやっていても乗っていかないわけなんですね。自然に私は古い武道を愛好しながら、やはり教育の場に持っていかないとダメなわけですから、文部省が納得するような理論と練習、教育体系がなければダメだということで、柔道の立場で私はいろいろ研究を始めました。

＊澤 逸與
一八八一年（明治十四年）〜一九五八年（昭和三十三年）。講道館八段。東京帝国大学卒業後、南満洲鉄道、東京市役所を経て、講道館に入り、一九四九年（昭和二十四年）に全日本柔道連盟の事務局が設置されたときの初代事務局長（兼講道館総務部長）になる。

＊老松 信一
一九一二年（明治四十五年）〜一九九五年（平成七年）。講道館九段。東京教育大学学務課長などを務め、『柔道五十年』（一九五五年 時事通信社）、『柔道百年』（一九六六年 時事通信社）等の著作がある。

スポーツと武道の違い

戦前の教育は、私ども自身そういうふうにやってきましたけど、やはり最後は戦争だった。ご奉公しなきゃいかんという立場で、滅私奉公の手段として学生に「お前ら、赤紙の召集令状がきたら、明日にも戦場に立たねばならない」という教育をしてきました。そういう教育をするから、日本は軍国主義になってダメなんだ、それが負けたので、今度は民主教育ということになった。そこで民主教育の立場でどう行うかというところで、武道のスポーツ化ということの意味が出てきた。

しかし、ほかのスポーツと武道というのは歴史的な事情が違うわけです。たとえば、いま大変人気のある野球やサッカー、ラグビー、バレーにしても歴史をずっと遡っていけば単純なボール遊びですね。ボール遊びは一つの遊戯です。専門の先生たちは人間の遊戯本能から出発しているとおっしゃるわけです。遊戯本能は人間だけではなく犬でもあります。二匹の犬に毬を転がしてやればじゃれてお互いに遊ぶ。そういう気持ちは幼児にもあるわけでしょ。ただ人間は知的な動物ですから、成長して知能が発達してくるとそんなことでは面白くない。それに人間は手を使うから、ボールを取ったり当てっこしたり高級な技術をやる。だんだん成長と知能の発達につれて非常に高度な球技が発明されるわけですが、それも遊戯本能から出発しています。

ところが、武道は闘争本能が推進力なんです。闘争本能は前提として、話し合いができなくて、和が破れて「腕でこい」という場合ですね。つまり暴力がそこにあって、それに自分がどう対処するか。そのための技術なんです。出発点において非常に違う。いわゆる真剣なんです、遊びじゃない。

いま論議を起こしているのが、武道はスポーツかどうか。そういう風に考えれば、なるほど別なんですね。教育の問題として武道を考える場合は、先ほど犬の例を引きましたが、二匹の犬が今度はお腹がすいてきて何か食べたくなってくる。そこに一片の肉を与えると、奪い合うでしょ。だんだん激しくなって死闘を演じます。人間だって動物だから、腹が減ってイライラしてくるとケンカになってしまう。戦争の元も同じこと。そうすると、平和を目指す教育をやる場合、闘争を前提とした、暴力を前提としたそれをなぜ練習しなきゃいかんか、教えなきゃいかんかという問題になる。ですから、武道は戦争目的の技術であるということを否定する立場を取らなければならない。戦前と戦後の教育で一番問題になるのはそこなんです。

戦争教育を否定して、平和教育になったでしょ。いまでも、私の中学の後輩の文部省の調査官が言うとったんですけど、「うちの子供に、平和教育の場合に、武道を教えてもらっちゃ困る」という考え方を教育委員会に言ってくる父兄がいるそうです。それにどう答えてやればいいのか、なぜ武道を奨励しなきゃいかんかという場合に、理論的な裏付けがないと言うんです。

他のスポーツにまさる効果とは

そういう問題は私に言わせると簡単なんです。たとえば不良少年がおりますね。乱暴で手がつけられない。ところが武道の先生が、本当にこの子供を良くしようと思って一生懸命になって武道をみっちり仕込むと、大人しくなるんですよ。

なぜかというと、不良は俺が暴れ出したら誰も怖いものはないと自惚れを持っています。人の話を素直に聞く気がない。反抗心があってひがんでいる。周囲の教育環境が悪いためにひがむ者もおるでしょうが、とにかく力が強い、腕力を持っていると思い上がっている。この場合に穏やかに、教育的に接して、その子供に武道をしっかり仕込むんです。あんな子供が武道を習ったら手に負えないと思うのが、案外コロッと変わっちゃうんですよ。最初は生意気だったけど、先生にぶつかってみると、肌に感じて敵わないことが分かる。初めて鼻っ柱を折られて素直になる。そのときに静かに、いわゆる正しいことを先生が教える。そうするとその子供はガラッと変わるんです。

中学校でも高等学校でも、校長は体育の指導者が立派な教育者であることを求めています。私も体育の専門コースを出た学生をいまも指導していますが、就職のときに、中学校や高等学校に行って校長や教務主任に会いますとね、学校を管理運営するためには、体育の指導者に本当に立派で実力のある人が欲しいと言うんですね。なぜかというと子供は教壇でいくら道徳教育を押しつけても、ピンとこないわけですよ。体育の先生は走っても泳いでも、実際にぶつかって、肌に触れて、やっぱり自分は敵わないと思う。英語や数学の先生はどんなに偉い先生でも、教壇で黒板に書いているだけでは生意気なやつは分からんわけです。体育の先生は一番簡単です。やってこい、ぶつかってこいと言えば、とても敵わないことが分かる。それを本当に教育的に扱ってやっていけば非常に良くなるわけです。

それから子供の中には、劣等感を持ったのや、素晴らしい技術を持った子供がおるでしょ。そこにまた一つの教育上の問題点があって、体育の先生は弱いものに目を掛けなきゃダメなんですよ。ところが選手養成の立場を取ると、学問でもそうですが、できる子供はかわいいものです。自然に、人情ですよ。ところが、体育の時間になると下手なやつは恥さらしの時間になる。先生は模範的な演技をする子供をうんと褒めて持ち上げると、それが威張る時間になっちゃう。選手養成ばかり考えて体育をやっていると、教育的に逆の効果になる。そこで体育の先生は、生まれつき不器用で下手な子供を、どう育てるかというのが非常に難しい問題で、そこに一番の教育問題がある。

一つ例を申しますと、たとえば交通事故で足を怪我した身体障害児がいる。足が悪いから走っても劣等感を持ちますね。でもその子に特別に逆立ちや鉄棒を指導する。そうして正常な足の子供よりも自分が大車輪ができるとか、逆立ちが上手いとなると学問も対等にできてくるんですね。自分が足が悪いという劣等感を抜きにして胸を張って対等の交際をするようになる。結局、精神的に自信を持って強くなったということです。そういう風に指導するのが、本当の体育の指導者なんですね。

そこらへんが勝利至上主義のオリンピック中心のスポーツ教育と、本当の意味の体育との違いがあるわけです。弱い子供、意気地のない子供ほど、何かで自信をつけるというふうにしていかなきゃいかんですね。

勝負で心を育てる

そこで今度は武道というものを教育的に考えますと、先ほど犬の例で、お腹がすいている犬の中に肉片を持っていくと死闘を演じると話しましたが、ところがこの二匹の犬は初めは遊んでいるわけです。遊ぶ心と、環境が変わってお腹がすいてくると、今度はケンカをして殺し合いまで演じる心がある。人間も同じです。環境が変われば仲が良くてもケンカする。人間の心の中にケンカする闘争本能と、遊ぶ遊戯本能がある。同じ心が、環境によって変化するということです。

教育的にそれを考えた場合、何を教育すべきかというと、修養するとか、あの人はできた人だとかということは人間が怒らなくなるということなんです。感情に支配されなかったり、物事を冷静に判断する柔軟性があるということですよね。すぐカッとなったり、喧嘩っ早かったりするのは修養が足りないということです。人間も動物ですから、環境によっていろいろ変わるわけですけど、落ち着いた心に育てるのが体育であり、子供の心をそのように導くためには、やはり試合をさせる。競技の場に子供を連れ出すということなんですね。

そうすると生まれつき度胸のある子供、意気地のない子供、内気、陰性、陽性、いろいろなタイプがありますが、勝負というのは非常に人間の心が動揺する。他のスポーツももちろん厳しいですよ。野球でも、ピンポンだって軽いスポーツに見られますが、一流のピンポンの試合は大変なものですから。とにかく勝ち負けがあると、人間の心が非常に動揺するんです。みなさんもそういうご経験があるでしょうが、とくに武道の場合は肉弾相打ってお互いが接するので、カッとなる子供が非常におるんです。そして、そんなのはすぐに負ける。カッとなってはダメですからね、ご承知のように。試合の経験を経ることによって一番、精神的な修養ができるわけです。

ですから、「スポーツは子供の心情を養う」というのが、教育学の中で見た体育というものの特徴ではないかな。その中でもとくに人間が感情に支配されるのが、個人的な格闘の場です。もちろん、集団的なラグビーや野球というものも、教育的な面で個性がありますよ。「チームワーク」というものがあるから。だけど自分の責任において、一騎打ちをする。それが武道なんです。先ほど申しましたように、生意気で思い上がっている不良のようなやつは、いい指導者が厳しく指導するということです。意気地のない子供も、上手にだんだん意気地が出てくるように教育するというところに、武道の他のスポーツの及ばない効果があるわけですね。

第二章

江戸時代の剣術・柔術はいかに発展したか

画：佐藤忠之

宮本武蔵から始まる剣の道

昔の武道は、話し合いがつかない場合に、談判が決裂して、実力に訴えて雌雄を決するという立場でした。宮本武蔵《みやもとむさし》＊と佐々木《ささき》小次郎《こじろう》＊の巌流島の対決にしても、京都の吉岡一門にしても、京都では吉岡が剣が上手そうだ、ところがここに宮本武蔵も現れた。武蔵が今度、九州のほうに行くと、その界隈では、佐々木小次郎は若いけれど素晴らしいという評判がある。評判と評判が対決すると「何をっ」ということになる。いまのスポーツの選手で、どこそこのチームが強いから一戦交えようかという男の気持ちと同じですよ。昔はそれが真剣勝負になるんです。ルールがないから。

それが不幸にして小次郎はやられたわけですね、吉岡も。宮本武蔵は生涯で六十何回真剣勝負して、何人殺したか分かりませんよ。そうして自分の腕を鍛錬した。宮本武蔵の六十何回の真剣勝負は、大体三十代で終わっています。その頃になって円熟して、今度は人を殺したことを反省するんです。それは宗教思想ですね。宗教思想が浸透していけば、偉い武芸者は晩年になって人を殺してはいかんという思想に、たいがいなっているようです。伊藤《いとう》一刀斎《いっとうさい》*も晩年は刀を捨ててお寺参りをしていますね。巡錫《じゅんしゃく》しています。柳生石舟斎《やぎゅうせきしゅうさい》*にしても、剣の極意は無刀にある、無刀の内容は何かというと、剣の道を究めた者は、相手がいかに斬ってきても斬られないということです。「こちらは斬らない」ということなんですね。そこに無刀の意味がある。柔術が、斬らないで抑えるという技術を非常に探求したのは、そういう思想の背景があるとも言えます。最後は、刀を持っていても刀を使わないでその暴力を封じるのが理想だということは、日本の武道の特色だと思いますね。

＊宮本 武蔵
一五八四年（天正十二年）?～一六四五年（正保二年）。戦国時代末期から江戸時代初期の剣豪。二刀流の二天一流の開祖で『五輪書』等を遺す。

＊佐々木 小次郎
生年不詳～一六一二年（慶長十七年）。戦国時代末期から江戸時代初期の剣豪。巌流島の決闘で宮本武蔵に破れる。

＊伊藤 一刀斎
生没年不詳。戦国時代から江戸時代初期の剣術家。一刀流の祖。

＊柳生 石舟斎
一五二七年（大永七年）～一六〇六年（慶長十一年）。本名は柳生宗厳（やぎゅうむねとし）。戦国時代から江戸時代初期の剣術家。上泉伊勢守信綱の新陰流の継承者。子に柳生宗矩。

江戸時代初期から中期、華法剣法が生まれた経緯

ただ、昔は練習の方法として競技化していないんですね。ルールがない。現代の武道ではちゃんとルールを作り、思い切って自分の実力が分かるようにするわけですね。君は刀を持っちゃいかん、俺も持たない、竹刀にすると。防具を着けようと。殴るところも脛をかっぱらっちゃいかん、というルールでいまの剣道があるわけでしょ。柔道なら、殴り合いをまずやらない。空手のような技は使わないと。技を省くか、動作を制限するか、防具を着けるかという限定の中で、その代わり思いきり練習するわけです。そこに現代の武道の意味がある。

江戸時代の中期から剣道は気がついてやっていますね。江戸時代には技術を深めるために防具を作ったんです。

戦国時代といっても非常に長いんですが、関ヶ原の戦いが一六〇〇年。徳川家康が征夷大将軍になって一六〇三年に江戸幕府ができた。それから武家諸法度というものを出しまして、侍は、農工商の階級は切り捨てご免でしたが、そんな無茶なことをしてはいかんと、人を殺しちゃいかんと生命尊重をうたって、やたら人を殺すことが禁じられた。けれどもなかなか実行されなくて、辻斬りや辻投げもあったようですね。

それから一七〇〇年ちょっと過ぎると元禄時代、大体、関ヶ原の戦いから百年後です。平和が長く続いて、侍が弱くなった。そこで剣道、その他武道を愛好しているものが慨嘆するんです。そこからどういう風に変わったかというと、「華法剣法」というものになった。家元さんができて、初代の家元さんは実戦を経て上手いけれども、二代、三代、百年経てば三代目ですからね。そうすると、その立場を維持するために、素朴な剣法にいろいろ尾ひれをつけて華やかにする。だんだん踊り化するわけですよ。それをその当時、華法剣法といったんです。

袋竹刀を発明した柳生流の練習法

本当の剣を探求するにはそんなことじゃダメだというので、柳生流が最初に袋竹刀《ふくろしない》を作った。限定の中で思い切って練習するという形は、江戸時代の中期から始まっているんですね。

柳生流の袋竹刀は反対にもあっていまして、刀を袋竹刀にしてガチャガチャやったってダメじゃないかという意見もあったんです。それに対して、『本識三問答《ほんしきさんもんどう》』という柳生流の人が書いた本が残っています。その中で、こういうことを言っています。「木刀で練習する場合は、切ったつもりで止めている。ところが、袋竹刀だと本当に打つ」と。実戦で本当に打つ。つもりになってやったってダメだという意見なんです。

袋竹刀ができてきたら、直心影流《じきしんかげりゅう》の長沼四郎左衛門《ながぬましろうざえもん》＊という人が竹刀《ちくとう》を考えたんですね。竹刀でも痛いから、防具を発明した。いまでも江戸時代の防具が残っています。本当に打ってやったわけですよ。そこでますます意見が分かれたんですが、それから三十、四十年後には一刀流の有名な中西忠蔵《なかにしちゅうぞう》＊という先生が賛成した。そうして一刀流と直心影流がまず、先生がそれをやることになったからと。江戸時代には何百という流派があり、賛成する人は試すことができたんです。他流でも。本当の練習、打ち合いだから気迫が入っていいわけですね。

それがだんだん江戸時代の剣術の歴史を見ますと、幕末にたくさんの名剣士が出る。もともとみんな竹刀でやっているんです。ただ、現代と違うところは、みんな刀を持っているんですよ。試し斬りはやっているわけなんだ。藁を切ったり、いろいろやるわけです。居合もやって刀には慣れている。

ただ形や動かないものが相手では限界がある。たとえばボクシングの先生に空手を言わせると、空手は動かないものをやっているじゃないかと。ボクシングでは動くものをとらえていくのが難しいと言うんです。それはそうですね。剣道の場合もそうです。いくら据物《すえもの》斬りが上手くても、実際に相手が動くから難しい。柔道だって、形は抵抗してこないから、右から左に投げている。ところが実際はこちらが技をかけたら、向こうもかけてくるんだから、それが難しいんですよ。向こうがかける隙をぬってこちらもかけなきゃいかん。攻撃と防御の競り合いがある。陸上競技や水泳競技は対人競技じゃないんですよ。自然を相手にして自分の実力をはかるでしょ。

ところが、対人競技というのは向こうから攻めてくる。ことに格闘になると個人的に接近してやるから、非常に時間的に切迫した間を縫ってこっちが技をかけなきゃいかん。だから形ばかりやっていても、その緩急が分からないわけなんですね。そういうことで江戸時代にすでに木剣だけで何遍やってもダメで、それはそれで必要であるけれども、やはり自分の実力が分からんから竹刀を発明したという歴史があるわけです。幕末になって、近藤勇にしても土方歳三にしても、人殺しの名人はいくらもおるんですが、その頃はみんな竹刀で鍛錬して、刀はしょっちゅう持っているから両方使うのがいいという結論が出たんです。明治維新になって戦乱がやってきて、それで実戦はそうなったんですね。

＊長沼 四郎左衛門

一六八八年（元禄元年）～一七六七年（明和四年）。直心影流の剣術家。正徳年間（一七一一～一七一六年）に、防具や竹刀を考案し、竹刀で打突し合う打込み稽古法を確立する。

＊中西 忠蔵（子武）

生没年不詳。中西派一刀流の剣術家。宝暦年間（一七五一～一七六四年）に、袋竹刀から現在のものに近い竹刀にし、鉄面をつけ竹具足式の剣道具（防具）を用いた打込み稽古法を採用する。

明治初期、興業や骨接ぎで生計を立てる

　ところが明治になりまして、ほとんどの剣術柔術は一時なくなっちゃったんです。下向いちゃったんですね。それで剣術のほうでは明治初年に、明治五、六、七年頃でしょう、榊原鍵吉《さかきばらけんきち》＊という生き残りの剣士がちょんまげを切って、剣術を何とか保存したいと、浅草で撃剣興業をやったんです。ちょうどいまのプロレスのようなものですね。浅草で舞台を借りて「いらっしゃい、いらっしゃい」と、木戸銭を取ってね。そこに薙刀のお嬢さんを連れて来たりして派手にやったわけですよ。それで剣道を保存しようという企てです。半分はバカなことをした、でも考えると、そうでもしなければ剣道は残らなかったということですね。

　柔術も同じ。柔術のほうは、ほとんど骨接ぎの商売に移っているんですね。昔から伝書には、必ず骨折があったときどう治療するというのがみんな書いてあった。ですから柔術の先生には自然に薬も治療法も伝承されて残っていたんですね。それで巷に隠れて整骨をやっておったんです。

＊榊原 鍵吉
一八三〇年（文政十三年）～一八九四年（明治二十七年）。江戸幕府幕臣、剣術家。男谷精一郎から直心影流男谷派を継承し、講武所剣術師範役を務める。最後の剣客と呼ばれる。明治時代になって、浅草で撃剣興行を催す。

第三章

嘉納先生と植芝先生を研究する

講道館が誕生するまで

嘉納治五郎先生は体が小さい人です。あまり体が強くなかったらしいです。日本には柔《やわら》というのがあるということで、何とか習いたいと長年考えとったそうです。

十八歳のとき、明治十年ごろですか。東京帝国大学に入ったときに、東京中を歩いてようやく天神真楊流《てんじんしんようりゅう》の福田八之助《ふくだはちのすけ》＊という先生を見つけて天神真楊流を習った。その先生が一年余りで亡くなって、それから磯正智《いそまさとも》＊、天神真楊流の家元の先生についた。それも間もなく亡くなられて、今度は起倒流《きとうりゅう》の飯久保恒年《いいくぼつねとし》＊先生、この方は非常に上手い先生で、幕末の講武所《こうぶしょ》の柔術の教授をやった人だそうです。年齢は四十歳以上でお年を召していたそうですけど、そこで起倒流をみっちりやったというのが、嘉納先生の技術。

十八歳から二十三歳で東京帝国大学を出て、当時、文科系では日本中を探しても大学生が十人くらいしかいない。すぐ学習院の教頭ぐらいの資格になった。三十歳前に第五高等中学校（現熊本大学）の校長。そういう時代です。当時、野球、陸上競技といったスポーツは大概、明治初年に外国から教授や講師になって招聘された先生方が教えているんですよね。ボートや陸上、水泳もそうです。その当時ハイジャンプなんかは、ウサギのつきみっていう名前をつけて、ジャンプするのはトビウオの何とかなんてね。そういう名前は面白いんですよね。

嘉納先生もそういうのをやったけれど、柔術を習って、「こんないいものはない、これを捨てる気はない」と非常に柔術を研究したんです。そして二十三歳のとき、明治十五年に「講道館」を、柔道を始めるんですよ。お寺の庫裡を借りまして、それは十二畳なんです。弟子は九人くらいですか。それが明治十五年、それから今日、九十……百年にはならないが、それが世界的に広まったということです。

*福田 八之助
一八二八年（文政十一年）〜一八七九年（明治十二年）。天神真楊流の柔術家。奥山念流、気楽流を経て、磯正智に天神真楊流を学び、講武所世話心得を務める。嘉納治五郎は天神真楊流福田道場（整骨院兼柔術道場）に念願の入門を果たす。

*磯 正智
一八一八年（文政元年）〜一八八一年（明治十四年）。天神真楊流の柔術家。天神真楊流の宗家三代目で磯又右衛門正智を名乗る。

*飯久保 恒年
一八三三年（天保四年）〜一八八八年（明治二十一年）。起倒流の柔術家。講武所教授方を務める。嘉納治五郎は講道館で弟子を指導しながら、その一方で飯久保恒年から形や乱取りの指導を受ける。姿三四郎と檜垣源之助との右京が原の決闘の立会人飯沼恒民のモデルといわれる。

植芝盛平先生に弟子入り

私は大正時代の学生です。それで嘉納先生から時々お話を聞く機会があったんですよ。私は柔道しか知らなかったんですね。嘉納先生自体がどういう修行をされて、いま柔道を教えてくれているかが疑問だったんですね。

お話の中に、「柔道の原理で剣を使えば剣道になる」ということですね。柔道も剣道に非常に関係があるということなんですね。私が柔道ばかりやっているときに、たびたびお話の中に出てくるから「昔の柔術はどんなもんだ」と思い、物好きで機会があるたびに天神真楊流なんかを見に行って、「座ってやる柔道があるんだな」ということだったんですよ。

それが卒業間際になって、私は昭和二年には学校を出ている。私は大学院で少し勉強しようと思って残っていたんです。そのときに植芝盛平《うえしばもりへい》*先生が現れましてね。嘉納先生からは習わない、不思議な技があるわけなんですよ。それから非常に興味を持ちまして、学校の先生をやるんだから、夏休み、冬休みがあるから、長く練習できるつもりで始めたんです。それが今日まで五十年続いたわけですね。

植芝盛平先生にちょうど、お目にかかって、入門してから今年明けて、ちょうど五十年なんです。研究に入りましてからね。植芝先生は昭和二年の秋に、東京に落ち着かれたんですね。その前に二、

富木家の家族写真（父母、弟妹と）。1924年（大正13年）9月3日撮影。後列右から父庄助、早大柔道部時代の謙治、次弟堅三郎*、前列左から3人目母タツ。この撮影の後、次弟堅三郎も早大柔道部の選手（講道館四段）として活躍した。謙治と堅三郎の合気武術の実戦的稽古は喧嘩のようになるほど厳しくなされたという

＊冨木 堅三郎（とみき けんざぶろう）

1903年（明治36年）～1986年（昭和61年）。富木謙治の次弟。講道館七段。早稲田大学柔道部の選手として活躍し、1929年（昭和4年）の同部の米国遠征に主将笠原巌夫五段や後の日本レスリング協会会長の八田一朗らとともに参加。戦前、柔道指導者として、岩手県立黒沢尻中学校（現岩手県立黒沢尻北高等学校）、千葉県立銚子商業学校（現千葉県立銚子商業高等学校）を全国制覇に導く。堅三郎は、アメリカ紀行記の中で当時の早稲田大学柔道部の様子を、「昭和4年当時早稲田大学柔道部は主将に全国に比肩する者の無い柔道界の王者五段笠原巌夫を擁し、続く者として四段4名、三段9名と強剛をずらりと並べて総部員70名が殆ど有段者という東都大学柔道界きっての隆盛を誇りました。不肖私も（当時商学部2年生）四段として部の中心をなしておりました」と綴っている。

三度、出て来ておられます。大正時代にね。しかし東京で道場を作って落ち着かれたのは、昭和二年の秋です。その先生がいらしたときに、綾部にいらしたんですが、私が東京の貸家を探して、私が投げられ役をしたといういきさつです。それが始まりなんです。

＊植芝 盛平
一八八三年（明治十六年）～一九六九年（昭和四十四年）。合気道創始者。開祖と敬称される。数々の武術を修行し、武田惣角に大東流合気柔術を学ぶ。出口王仁三郎と邂逅し、大本（おおもと）に入信する。一九四〇年（昭和十五年）に財団法人皇武会が認可され、一九四八年（昭和二十三年）に財団法人合気会となる。合気会では、「合気道は他人と優劣を競うことはしないため、試合や競技は行いません」としている。

合気道初の八段を許される

私はもともと柔道で、昭和三年の鏡開きに五段になったんです。浜野《はまの》正平《しょうへい》先生＊、曽根《そね》幸蔵《こうぞう》＊、あの人たちと一緒に五段になった。だから、ずいぶん古いもんですよ。大概、僕と当時一緒にやったのは、死んじゃった。小谷《こたに》澄之《すみゆき》さん＊は私より一期早いな。伊藤《いとう》四男《かずお》＊、かずおさんですか、去年、亡くなったよね。あの先生も大体同じ頃です。私より一期早かったかもしれない。一緒に講道館の試合にも出ていました。

そのときに、私は植芝先生と嘉納先生とを比較し始めようとしたんです。植芝先生を研究しなきゃ

1935年（昭和10年）、富木謙治の牛込区（当時）若松町の自宅庭で先妻シゲと子供たちとの家族写真。植芝盛平先生の皇武館道場の近所に住み、内弟子同然で「合気武術」の猛稽古に励んでいた。後年手首の異形で知られるが、長女を抱く左手首に包帯が巻かれているのが興味深い

いかんというので、ようやく、だんだん分かりかけて。その代わり、夏休みと冬休みはほとんど植芝先生に詰めたな。昭和十五年の紀元節に、私は一番最初に免許、八段ですね。もらったんですよ。

私と一緒にやったのは、湯川《ゆかわ》勉《つとむ》＊という剛力無双の男がおりまして、内弟子で。その大将と二人。それはまた剛力を自慢にして合気道を鼻にかけてね、戦争時代に大阪でケンカして殺されたんです。当時は戦争帰りの乱暴な連中もおりますしね。昔は銃の先につく剣があるでしょ。それで刺された。そのときの詳しい話を大阪にいる浜野先生

から聞いた。

僕は満洲の建国大学にいた。植芝先生を満洲にお呼びして、年に一度は建国大学で一週間くらいの講習をしてもらったんです。そのときついて来たのは、当時は塩田《しおた》剛三《ごうぞう》君が一番多く来ました。毎年一回、私のところに泊まってね。

満洲のほうがいよいよ戦争になるまでは平穏でした。食べ物もそう困らないし。いよいよ戦争が末期になってから満洲も上を下へとね。私も召集になりまして、家族は避難民として帰って行くという悲惨な状況が続きましたが、それまでは内地よりも住み良かったんです。

＊浜野 正平
一八九九年（明治三十二年）〜一九七四年（昭和四十九年）。講道館九段。明治大学卒業。一九五〇年（昭和二十五年）に大阪城お濠端の旧第八連隊跡地に百五十坪総檜造りの大道場を持つニュージャパン柔道協会を発足させるなど、大阪、近畿圏での柔道の普及に貢献する。

＊曽根 幸蔵
一九〇三年（明治三十六年）〜一九七三年（昭和四十八年）。講道館九段。高等柔道教員養成所卒業後、警視庁、早稲田大学、青山学院大学等の柔道師範を務める。

＊小谷 澄之
一九〇三年（明治三十六年）〜一九九一年（平成三年）。講道館十段（柔道殿堂）。竹内流柔術の藤田軍蔵より柔道の手ほどきを受け、御影師範学校在学中の一九二一年（大正十年）に講道館入門、東京高等師範学校へ通うとともに、講道館で柔道修行に打ち込む。一九三二年（昭和七年）、第十回ロサンゼルスオリンピックのレスリングで五位に入賞する。一九五三年（昭和二十八年）六月十日から七月十七日にアメリカ空軍の要請により小谷澄之、大滝忠夫、富木謙治、佐藤忠吾、石川隆彦、細川九州男、小林清が渡米し、全米十五州の二十六基地及び周辺において柔道指導にあたる。東海大学教授等を歴任する。一九四〇年（昭和十五年）十月に「右

奥義之事相傳候植芝守高押印」という合気武道修業の証書を受けている。

*伊藤 四男
一八九八年（明治三十一年）～一九七四年（昭和四十九年）。講道館九段。三船久蔵十段の古参門弟。国際武道院柔道師範。高等柔道教員養成所正科卒業後、講道館、警視庁、日本体育大学等の柔道師範を務める。

*湯川 勉
一九一二年（大正元年）?～一九四一年（昭和十六年）?。植芝盛平の内弟子で、一九四〇年（昭和十五年）に富木謙治と湯川勉の二人が、合気道初の八段の允可を受ける。怪力で有名である。生没年は不詳だが、一九三〇年（昭和五年）に旧制和歌山県立日高中学校（現和歌山県立日高高等学校）を卒業している記録がある。

*塩田 剛三
一九一五年（大正四年）～一九九四年（平成六年）。一九五六年（昭和三十一年）に養神館合気道を立ち上げ、合気道養神会を結成する。一九六一年（昭和三十六年）に植芝盛平より合気道九段の免状を受ける。一五四cm四十六kgと非常に小柄ながら、達人と高い評価を受ける。

嘉納治五郎先生と植芝盛平先生の接点

そこで私は植芝先生と、嘉納先生を長年研究しました。私は昭和四、五年頃は軍隊に召集になっています。その留守のとき、嘉納治五郎先生は、竹下勇《たけしたいさむ》*海軍大将のご案内で植芝先生の仮道場を訪ねられたんです。そしてご覧になったわけですよ。そうしたら、「これは、植芝さんの技は素晴らしいものだ。これはもう柔道だ」と言って感心されてね。そうして帰ってから、今静岡にいる、講道館の塾生だった望月稔《もちづきみのる》*という人と、武田二郎という両三段を派遣して、三年ばかり習わせたんです。

そのときに永岡秀一《ながおかしゅういち》＊十段を使いにして、丁重な手紙を書いているんです。嘉納先生が、植芝先生に対して。その手紙がいま二代目の植芝吉祥丸《うえしばきっしょうまる》さん＊のところに保存してあります。そこで嘉納先生は講道館へ招聘して、植芝先生の技を取り入れるという決意を持っておられたんですね。でも、講道館に招聘するわけにはいかんからでしょう、派遣したということです

＊望月 稔
一九〇七年（明治四十年）～二〇〇三年（平成十五年）。一九三〇年（昭和五年）に嘉納治五郎の指示により講道館から派遣され、植芝盛平から合気道を学ぶ。合気道、空手道、居合、杖術などを一つにした総合武道「養正館武道」を開く。

＊永岡 秀一
一八七六年（明治九年）～一九五二年（昭和二十七年）。講道館十段（柔道殿堂）。はじめ郷里の岡山で起倒流を学び一八九三年（明治二十六年）に講道館に入門する。講道館指南役および東京高等師範学校、中央大学、警視庁などの師範として柔道振興に尽くす。

＊植芝 吉祥丸
一九二一年（大正十年）～一九九九年（平成十一年）。合気道二代道主。植芝盛平の三男（長男、次男は早逝）。

＊竹下 勇　九五ページ参照

植芝先生の修行の経路

したらば、植芝先生はどういう修行をされたか。「俺は道主だ、創始者だ」と言っているけれど、

俺がみな創始したと言ったって、ゼロから生まれるものではないんです。各流、剣術も柔術もみなそうですよ。棒術であろうが、長い何百年の歴史がありますから。そこで私は植芝先生の履歴と修行の経路を心がけて調べてみました。植芝先生が最も中心としていたのは、嘉納先生と同じく起倒流なんです。

そして二十七、八歳のときに、二十七、八歳というと我々はもう柔道を辞めたときですよ。そうでしょ、みなさん。二十七、八歳というのは最も練習しなきゃいかん時代が過ぎている。大抵二十五、六歳までに猛練習をやっちまうでしょ。

植芝先生が、大東流合気柔術の武田《たけだ》惣角《そうかく》*という先生についたのは、二十八歳のときなんです。それまで何をしていたか。それははっきりしている。十八歳から天神真楊流、これも嘉納先生と同じことをやっている。それから新陰流だとか、その間にいろいろなことに興味を持たれたに違いない。あれだけの名人ですから。でもやはり起倒流なんです。嘉納先生がおやりになったことも、植芝先生がやったことも大体同じことをやっている。

＊武田 惣角
一八五九年（安政六年）～一九四三年（昭和十八年）。大東流合気柔術の実質的な創始者。父惣吉より、剣術、棒術、槍術、相撲、大東流を学ぶ。会津藩士渋谷東馬のもとで小野派一刀流を修行し、榊原鍵吉の内弟子となり直心影流を、会津藩の元家老西郷頼母から会津藩の殿中護身武芸である御式内（おしきうち）を学ぶ。小野派一刀流と大東流の二流を名乗って、全国各地を武者修行するとともに、大東流の秘技を指導する。

武田惣角先生とはいかなる人か

そうすると、植芝先生に合気柔術を教えた武田先生はどういう人かという問題になります。そこで今度は武田先生の経歴と修行の経路を簡単に申し上げますと、武田先生は会津藩の日新館という藩校で、あの十五、六歳で腹を切った白虎隊の連中と同じ日新館で勉強したんです。当時、武田先生は十歳くらいでわずかに四、五才年下であるために、白虎隊に志願しなくても良かったわけ。お父さんは大東流合気柔術を継いでいます。そういう環境でしたから、子供のときから藩の学校で一刀流をやっていますす。十五、六歳のときには、東京に出て来ていますね。明治になってからですよ。私が先ほど申し上げた、榊原鍵吉の内弟子になっている。直心影流をやっている。植芝先生からも聞いたが、非常に剣の上手い人だった。身長は一六〇cmないです。五尺ないというので、一五〇cmですか……。僕は尺のほうがピンとくる。植芝先生よりちっちゃいんだ。剣が上手く、関節技が強かったらしい。それが剣が上手いということは、剣と柔術とのそこに独特のものが生まれるわけですね。

武田惣角先生が北海道に渡ったのは明治四十三年なんですよ。秋田県の当時の警察部長で、財部實秀という人が連れて行ったんですよ。やはり性格の関係があったんでしょ。ああいう偏屈な人だし。あの時代に荒っぽい武芸をやっていたから北海道に行けばなんとかということで連れて行ったんです。植芝先生が北海道に渡ったのがやはり四十三年頃なんですよ。すぐ会ったわけじゃないんです。二、三年のクッションがあった。あるとき遠軽《えんがる》というところでね、北見のほう滝川というところで、宿屋で会うんです。それを紹介した人が、何コウタロウ（吉田幸太郎）さんだったかな、新聞記者でね、そこまで分かったんですよ。それが大正になってからなんです。大正二、三年（大正四年？）。大正六年、七年（大正八年？）には植芝先生は、お父さんの病気で内地に帰るんです。その間、四、五年なんですよ。四、五年、みっちりやったと。

大本《おおもと》*に来てから、武田先生を半年ばかり呼んでいます。だけど、大本の信仰の生活の中では、武田先生は信仰心のある人じゃないんですよ。だからいたたまれなくて帰っちゃうんですよ。そんなに長くいないです。植芝先生とそこは違う。植芝先生はそんなに長く側にいたわけじゃないんですね。ですから植芝先生が三十二歳まで何をやったかというと、やはり天神真楊流、起倒流、嘉納先生と同じことをやっている。ただ、嘉納先生は十八歳から二十三歳までやって、講道館を発表した。そして、乱取りと形をひっくり返して、乱取りを表に出した。体育的な立場で。そういう関係にあるわけ。だから嘉納先生自身は、昔の柔術を丹念に、形を繰り返し繰り返しという植芝先生のような修行をしなかった。嘉納先生は大学を出てから忙しくて、そんな柔（の流派）をあちこち遍歴して歩くような暇のない人でしたね。ただアイデアマンだから、いろんなことを打ち出していったんです。

いま武田惣角先生のご令息が網走で大東館という大東流の柔術の道場をやっています。北見市に行くと、堀川幸道《ほりかわこうどう》という八十歳以上になるおじいさんが東京に四、五回出て来ている。私は三回ばかりお目にかかって、早稲田大学に来て演武をしてもらったこともあります。それで大体植芝先生と武田惣角先生の比較はできています。

＊大本
大本は一八九二年（明治二十五年）、出口なお開祖に大地の主宰神、艮の金神（うしとらのこんじん）＝国祖・国常立尊（くにとこたちのみこと）が帰神（神憑り）したことを発祥とする教派神道系の教団である。娘婿で養子となった出口王仁三郎（でぐちおにさぶろう）のカリスマ性もあって、戦前の日本において、有数の巨大教団に発展した。京都府綾部に本部を置く。

＊堀川 幸道
一八九四年（明治二十七年）～一九八〇年（昭和五十五年）。一九一四年（大正三年）に大東流に入門し、武田惣角に師事する。一九三一年（昭和六年）に大東流の秘伝目録、秘伝奥義目録、師範を許され免許皆伝。大東流幸道会を設立。

植芝先生の技の特徴

そうしますと、植芝先生の技から武田先生の技を引けば起倒流が残る。起倒流というのは、いま講道館でやっている古式の形ね。そこから私は古式の形が植芝先生の、つまり合気道の基だという説を立てている。それを、具体的にどの技がどうということを私ははっきり打ち出しました。二、三年前から（一九七七年、日本武道学会で報告。「資料」一七〇ページ参照）。

武田先生と植芝先生を比較しますと、植芝先生の技は非常に柔道臭い。投げが上手い、関節を使った投げ技が非常に巧妙だった。円転滑脱としてね、流れるがごとく技を出す。そういうところに特徴がある。ところがですね、いま講道館でやっている技は組んでからおやりになっているでしょ。古式の形になりますと、組んでからもあるし、組もうとする手をとらえて、組ませないでかける技もある。腕を取って投げる技が非常にあるわけです。そこに関節を極めるというと、非常にわずかな力で巧妙に相手を倒すことができるわけですね。そこにね、武田先生もそうだけど、植芝先生はそれが流れるごとく、上手く使ったところに、植芝先生の長所があります。

ところが、組むときと組んでからの技だけをやっていますと、今度は江戸時代に一番大事だった空手やボクシングのように殴ってくる、突いてくるものをどうしてかわしたり、払ったりして柔道の技をかけるかという部分が抜けているわけなんですよ。

いま皆さんが合気道の演武をご覧になって、皆、手を出してきたものをつかんで技をかけているでしょ。しかし不意にパッとくるものをつかむことはできないわけですよ、いまの合気道の練習では。そこのところを、どう江戸時代の柔ではやったんだろうというのが僕は疑問なんです。

初めに防御ありき

そういうところから、昔の合気道ばかりじゃない、他の流派のわずかに残っている技を見ますと、柔道のように下を向いていきなり組むという形はないんです。組もうとするときにアッパーカットを食らったり、蹴飛ばされたりするわけでしょ。そうすると、昔の柔術というものは、まず、防御の立場をとる。

真剣白刃取りや無刀取りというのは、刀で切ってきた者さえも、こっちが抑えてしまうというのはどこにあるかというと、まず防御なんです。どうしてそれを防ぐかということがまずある。そのところに、やはり研究を進めなきゃいかんということになった。それで私は、体捌きというのを一番最初にやりだした。向こうが突いてくるものを体のかわしだけでどうしてできるかということは、私自身も疑問だったんです。ところが一つのヒントがあった。それは小学校の子供でも、中学くらいになると非常に上手いんだね。ドッジボールで、パッとかわすんだよ。あれだなと思った。

どのスポーツだって初めは常識では理解のできないことをやっているんです。野球だって弾丸よりも早いような球を片手でパッと取るでしょ。練習しなきゃできるものではないです。キャッチボールは子供の常識になっていますけど、パッと取れるまでに何万回練習するか。そういうところからやらせてみようということになって、学生を使って、それをうんとやってきました。

それで警察大学に行って、剣道を相当やる連中に対してゴム刀持たせて、「うちの学生を突いてごらん」とやった。やはり突けないんですよ。剣道を相当やっていても突けない。長いもので打つのは別ですが、少なくとも短刀だったらかわせるんです。つまり江戸時代の柔の先生はね、みんなそれをやったわけなんです。うまく体をかわしたり、剣道と同じく、パッときたらパッとはらうとか。刀で切らせないように。

それが、私が嘉納先生から聞いた「柔道の技術の中に剣道がある」ということです。そういうことが初めて分かった。

これは剣道的に言えば一足一刀です。一歩踏み出したら、あなたの拳が届く。一歩踏み出している間にこっちが体捌きをやれば間に合うわけだから。相手が一歩出たら、一歩下がればいい。そこに攻防の駆け引きが出てくるわけです。そういうことは競技化しなければ探求しないし、上手にならない。競技化すれば技術は進歩するということは、つまり、スポーツ化しなければ技が退化すると、チャンバラになってしまうというのが私の基本的な意見です。

競技化に反対した植芝先生

たとえば最近、私が意外に思ったのは、早稲田大学では合気道で乱取り法をやっています。それをちゃんとモノに書いて理論的に植芝さんに見せたら、真向から反対してきたんです。

私は意外でした。合気道もそういう場所を作らなければ分裂する。これは歴史的にそうなんです。江戸時代以前の剣道はそんなに流派は分かれてないですよ。江戸になって平和になって、実力を客観化できなくなってから、勝手に組み立てるようになったんです。あっちの技、こっちの技、師匠がこうなら、俺はこう。流祖、流派がどんどん出てきた。それを柔道は、嘉納先生が近代化してスポーツ化すれば割れないという理論で組み立てた。それを私は踏襲しているんです。

合気道は、いまはだいぶ分裂してしまっているようだけれども、試合ができるようにすれば、みんなそこに集まって研究するようになります。良い技は試合のルールの中で生きてくるんですよ。そういう場所がないと、自分勝手に形を作っては流祖になる人が出てくるわけですね。そういう歴史的な事実がありますから、競技化しなきゃいかんというのが私の持論なんです。先ほど申しました教育的な立場と技術的な内容の問題からも、やはり基本的にはスポーツ化、競技化しなければダメだと思います。中山正敏《なかやままさとし》君*もその理論でした。空手もそうしなさいというのが私の理論です。

だけど非常に難しいです。競技化した場合にいろいろな弊害がある。それは私も認めます。それを是正するのが形の練習だと。この二本立てが私の基本的な考え方です。

ただ格闘の競技というものは、何と言っても若い者の世界で、年寄りはついていけないんですよ。たとえば剣道でも、いま選手権を取るのは二十五、六歳ですからね。柔道のように取っ組み合いでなくてもそうなんですね。だから競技というものはやはり激しいものなんですよ。厳しいです。体力的には老人はついていけないです。だから、婦人に向くものと向かないものがあるんですね。そういう点で、私は柔道がいまの取っ組み合いの柔道で、女子柔道があれで勝利しなきゃいかんというのは、私は考えものだと思います。だけどもう始まっちゃったからしょうがないですね。

＊中山正敏

一九一三年（大正二年）～一九八七年（昭和六十二年）。松濤館流空手道の重鎮。拓殖大学出身。一九四九年（昭和二十四年）に空手道の組手競技化を目指して日本空手協会（船越義珍最高首席師範）を結成。一九五八年（昭和三十三年）に社団法人日本空手協会初代首席師範に就任する。

嘉納先生が合気道の技を取り入れたかった理由

嘉納先生の説から言うと、柔道の形《かたち》が崩れるのが一番いけない。形《かたち》が崩れるというのは、組んだ場合と離れた場合の姿勢が違うんです。

嘉納先生は柔道の本質は、いつでも正しい姿勢で空手、ボクシングのように姿勢をまっすぐにして相手を見てやらなければいかんと言った。それは江戸時代の、嘉納先生が習った柔術ではちゃんと間合いを取って殴る、蹴る、突くというのを防ぎながら、柔道の技をかけているわけですね。それを始めから組んでから、よーいドンで始めるから、目付けも何もない。そこに競技化した場合の形《かたち》が崩れる問題と、その技以外の技は忘れてしまうという問題がある。

そこに植芝先生が現れたから、嘉納先生は「これは講道館に取り入れなきゃいかん」と思ったわけですね。

ご自分も、起倒流はやっていらっしゃるけれども、嘉納先生のご経歴を調べますと、どんなに嘉納先生が天才的なお方でも、十八歳から二十五歳くらいまでどれだけの研究ができますか。古流の柔術をみんな研究したと言いますけど、それは後の伝説だと思います。だって嘉納先生は三十歳以降は忙しくて、我々のように柔術だけの研究はできませんよ。あのご経歴を見たらいいでしょう。文部省の真ん中にあって、日本の教育界の中心人物で第一高等中学校（現東京大学教養学部）の校長もやりました。一番長いのは二十六年間、東京高等師範学校（東京教育大学、後に現筑波大学）の校長をやっているんです。そうして教育のことをすべて文部省を足場にして活動していらっしゃるでしょう。だ

極《きめ》の形《かた》　切下《きりおろし》（送襟絞《おくりえりじめ》＋腕挫腹固《うでひしぎはらがため》）取：永岡秀一講道館十段・受：佐村嘉一郎講道館十段

から柔術だけをそんなに研究できるはずがない。そのとき、植芝先生がちょうど昭和になって現れたから、礼を尽くしてお迎えすると言ったんです。嘉納先生と植芝先生は二十四歳の開きがあるんですね。昭和四年に嘉納先生が招聘したときは……、嘉納先生は七十九歳で昭和十三年に亡くなっていますから、そうすると計算してください、七十歳ですよ。だからどうにもならないんですね。そのままお亡くなりになったんです。そういうわけで講道館では合気道を取り入れる余裕がなかったんです。そういうことを私は知っているものだから、講道館のようになれば新しいことをやるのは大変なことだと思いますね。

　明治二十二年の五月、嘉納先生が発表した内容を見ると全部、体育法なんですよ。体育を一番表に出している。実戦的な極の形のようなものは一切表面に出さないで、乱取りを表に出してね。そして受け身の仕方などを実際に危険がないように体系化しました。それがいま、『柔道』の四月号と五月号にその講演集が出ていますよ。みんなに知らしめるために大変結構なことです。

ところが大正になってから、組んでからばかりやっているから、殴ってくる、蹴ってくるものをどうするかということが疑問になってきたんです。それで嘉納先生が昭和二年に精力善用国民体育というのを初めて発表した。あれは空手を真似したようなものでね。あまり効果はないよね。とにかく嘉納先生は昭和の初めには、何とかして極の形のような技をもっともっと奨励して生かさなきゃいかんと考えていたんです。精力善用国民体育の相対運動というのがあるでしょう。あれは極の形をちょっともじっている。

私が昭和十一年の五月、満洲に出かけるときに嘉納先生にご挨拶に行ったら、鷹崎正見《たかさきまさみ》君＊も一緒ですがね。そのとき「富木君は植芝さんの所でずっとやっているんだけどね。昔の柔術というのはああゆうものなんだ、あれはなかなか難しくてね……どういうふうにあれをやったらいいか」というようなことを言っていましたよ。極の形や古式の形をなぜみんなやらないかというと、意味がわからないんだよ。あれをやっても実力にならないと思っているでしょう。だから乱取りのほうばかりやる。

＊鷹崎　正見

一九〇〇年（明治三十三年）〜一九七六年（昭和五十一年）。講道館九段。一九二五年（大正十四年）早稲田大学卒業後、実業界で活躍する。抜群の強さをもって柔道界に鷹崎時代を画し、一九二五年（大正十四年）明治神宮奉賛会主催全日本柔道選手権大会で優勝する。また早稲田大学柔道部の主将として富木謙治らと早大柔道部の黄金時代を築く。妻は嘉納治五郎の五女篤子。『柔道』の一九七六年（昭和五十一年）十月号に富木謙治は追悼文を寄稿し、一九二四年（大正十三年）秋の早慶交歓練習会での慶応主将浅見浅一四段との対戦模様を以下のように活写している。

「大正十三年秋、当時柔道の早慶戦はなく、交互に訪問して、交歓の練習会を催した。乱取によって切磋琢磨し技術の交流をはかった。慶応には主将浅見浅一四段、名選手阿部大六、英児の兄弟四段など、雲の如き人材がおった。早大主将鷹崎四段は、身長一八〇cm、筋骨隆々たる均整のとれた偉軀であった。浅見四段は学生角力界の横綱でもあり、身長一八五cm、体重一一〇kgの巨漢であった。やがて両者の猛練習が始まった。あたりの部員は座り込んでこれを見つめた。優劣は容易につかないまま、攻防約二〇分、鷹崎四段の得意技、左右の払腰と跳腰とが、ようやく浅見四段の巨体をゆさぶり、ついに空中に大きく弧を画いて数本の技を極めた。はずむ音とどよめきの声、いり交ったその情景は、いまも眼底にのこっている」

形の練習をどうやって実力に持っていくか

ところが、これから今日の話題にしようと思ってきたけどね。形の練習をどうして実力にまで持っていくかということが、昔の練習法なんですよ、古流のね。そうでなければ、古流がないわけです。しかし、昔の教え方は場当たりだし理論がないし、それにことに教えない。言わないんです、先生は。黙って痛い目にあわせて、やってみろと。それで何十年もかかるわけです。その中でとくに熱心なのが三十年もやって、ようやく免許皆伝になる。それでは現代のものではないですよね。だから私は極の形でも関節技でも、当身技でも、みんな嘉納先生が説く柔道原理の「つくり」と「かけ」を持っていけば、非常に興味が出るし面白い。それから、形を本当に生かすためには最初にね、必ず右、左やるんだ。

テストのために、昇段のとき、形のテストをしても一方だけやるだけでしょ。だから応用がきかんの。あれを両方やればやや応用がきく。それを工夫するわけですよ。たとえば襟を持ったのなら、今度は袖を持ったらどうか。手首を持ったらどうかと、こういうふうにして分析していく。研究していけば、ややモノになるんですよ。そういう根気を出さない。指導者がいないんだな。だから高段者も形に手をつけない。

だから今度出す本でね、四十歳または五十歳から始めてもいいんですが、みなさんが乱取りをおっくうになったときにやんなさいという立場でやろうと思っています。そうすると、いま流行りの生涯体育なんですね。生涯やらなきゃ嘘ですよ、健康のためにもね。

試合を命題として早稲田大学合気道部の誕生

私は最初は、若いときに乱取りをやった者が、その後関節技や当身技を形として練っていくという立場でずっとやっていた。でも、乱取りを、どうしても研究して試合まで持っていかなくてはいけなくなったのは、昭和三十三年に、早稲田大学で正課体育にしたということがあります。それと、運動部を正式に認めたという時点で公約しちゃったんですよね。嫌でも応でも強引に。それから十七、八年になるね。大会をやるようになって今年は第六回ですか。初めは早稲田だけでやったのが、国士舘がやって、成城がやってね。三大学で乱取りを作ったら、今度は植芝さんの方がむくれて僕がボイコットされた。

第四章

富木謙治の取り組み

柔道における当身技と関節技

昭和二十六年から柔道が学校に復活した。そのときから私は三十年頃まで早稲田の柔道の師範をやっていました。そのときに、やはり学生は覚えておいたほうがいいと思って、当身技や関節技をやったんですよ。柔道の練習が終わった後、一時間くらい。学生は非常に喜んでね。ところが、試合をやると早稲田はいつも弱いんですよ。慶応はまだ弱いんだ。富木が余計なことを教えるから早稲田は勝てないということになっちゃうんですね、結論が。学生がいくら面白くても、そんな閑があったら背負い投げの練習をやったらいいじゃないかと、こうくるわけなんだ。

そうすると私もだんだん教えられて、短距離の選手はマラソンをやらない。飛び込みの選手はフリースタイルをやらない。フリースタイルの選手はバックをやらない。バックの選手は朝から晩までバックばかりやっている。これは仕方がないと。現代というのはこういうふうになってしまうんだと。競技化した場合は分業になるんだよね。それは仕方がない。そうすると僕は当身技と関節技を本当に生かすためには、その部分だけの一つの競技種目にしないとダメだ。そしてたとえば、講道館が僕の研究を認めることになったら、昔の柔術を完全に現代に生かすのは二種目となるわけだ。

あなた方、どっちが好きだと。人によっていろいろ特色があるわけでしょ。短距離に向く人とマラソンに向く人と。好き嫌いがある。そういうふうに分ければ柔道というものは幅が、底辺が広くなります。たとえば一二〇kgの選手でも、たとえばいま競技でやっているゴム刀を持たせて突かせたら、体がかわせないでしょ。そうすると半分の目方の六〇kgに負けるでしょ。そういう技術は、小さい、敏捷な方が得なんですよ。がっちり組んでしまえば、重い方が得。そういうふうに種目を分けたっていいじゃないかと。組んでから強い技術も柔道の中だからね。そういう考えを出して、講道館に研究部を置いてくれと、僕は大滝忠夫《おおたきただお》君*と一緒に言ったこともあるんですよ。大滝君は大賛成なんだ。ところが認めない。そういう研究部も置かない。だから私の発言の場所がないんですよ。

*大滝 忠夫
一九〇八年（明治四十一年）～一九九二年（平成四年）。講道館九段。東京高等師範学校卒、東京教育大学教授。『学校柔道』、『柔道の形』等多数の著作がある。

講道館護身術の開発

それから終戦後、正力松太郎《しょうりきまつたろう》さん*が護身術を作らなきゃいかんと。柔道はあまりに組んでばかりやっているからと。講道館は昭和二十七年に七十周年記念で、そのとき僕は常任幹事、いまの細川熊蔵《ほそかわくまぞう》*君のやっている仕事をやっていた。そのときに正力さんが募金委員長になって金を集めてやるけれ

講道館護身術 前蹴《まえげり》 1961年（昭和36年）取：富木謙治講道館七段（当時）・受：大庭英雄講道館六段（当時）

ども、講道館がそれを記念して護身術を作れということで出発したんです。僕が幹事で、北は北海道から南は九州まで最高段者の先生を二、三十人集めて、子安《こやす》正男《まさお》＊さんと、鈴木《すずき》潔治《きよじ》＊さんと私と三人幹事で、私の原案で講道館護身術を作ったの。三十一年の鏡開きで、大滝君に受けてもらって、そこで僕が発表会をやったんです。

それから世界選手権大会が三十二、三年にありましたね。オリンピックのときもやりましたし、全日本選手権大会のときも二、三度護身術をやりました。制定されてから毎夏、高段者の部では私が講師で指導していましたが、たった三時間しかないんですよね。一年に三時間しかないから体で覚えるところまでいかないんですよ。毎年同じこと繰り返してね、ようやく一か月に一度だけ、私が護身術を第一土曜日に女子部の道場で教えることになりました。小谷君が幹事長になってからね。それでは生きるはずがないんですね。そういう状態だから、どうしても生かされない。日体大では柔道部の学生二〇〇人くらい全部やっていますからね。別に合気道というのではなくてね。研究的に。だんだん、分かってくるようですね。

＊正力 松太郎
一八八五年（明治十八年）〜一九六九年（昭和四十四年）。講道館十段（柔道殿堂）。内務官僚、実業家、政治家。東京帝国大学卒業後内務官僚となり警視庁警務部長、その後、読売新聞社社長さらに国務大臣を務める傍ら、実業界から柔道の普及に努め、一九五八年（昭和三十三年）の講道館移転や東京オリンピック開催に向けての日本武道館の建設に大きく貢献する。これらの功績により、一九六九年（昭和四十四年）、柔道専門家以外で初の講道館十段になる。

＊細川 熊蔵
一九〇六年（明治三十九年）〜一九九七年（平成九年）。講道館九段。東京高等師範学校卒業後、講道館庶務課長、全日本柔道連盟事務局長を務める。

＊子安 正男
一八九三年（明治二十六年）〜一九五八年（昭和三十三年）。講道館九段。講道館秘書課長、道場幹事長などを務める。

＊鈴木 潔治
一八九四年（明治二十七年）〜一九六六年（昭和四十一年）。講道館九段。明治大学卒業後、学習院柔道教師、駒澤大学柔道教師などを務める。

柔道原理と剣道原理の接点

今年は体育学会のほうで九月に『柔道と禅』[*]というテーマで僕は発表するんだ。剣道と禅ということはみんな言うんですよ。なぜか、柔道と禅ということを言わないんだね。大森曹玄《おおもりそうげん》さん*が『剣と禅』（一九五八年 中央仏教社）という本を出しているでしょ。ドイツ人のオイゲン・ヘリゲル*が『弓と禅』（一九五六年 協同出版）という本を出しています。『剣と禅』は、一応みんな知っているんだね。内容を説明できる人はほとんどいないでしょうけど。僕は『柔道と禅』を学会で発表する予定です。

それから十一月の初めの武道学会では、ちょっと変わった、剣道の先生にも柔道の先生にもひとつの啓蒙的なことで、関節技と当身技の問題だけどね。「柔道原理と剣道原理の接点」という題で発表します。つまり手刀だね。それを剣道の理合《りあい》と柔道の技術との接点として。

嘉納先生がかつて、柔道の原理で剣を使えば剣道になるし、槍を使えば槍術になると、こう言うたのが、剣道界で非常に問題になったことがあるんですよ。嘉納というやつはホラ吹きだとね。嘉納先生は非常にひらめいて言ったのですが、剣道の先生にしてみると、柔道原理で剣を使えば剣道になると言われるとカチンとくるわけなんだよね。そういうことを聞いたことがあります。でもそれは古流をやらなければ分からないんですよ。剣道の実際の技術と柔道の技術との接点を理論的に説明した人はいままでいない。

私は素人の人にはこう説明する。剣道というものは触れさせないで触れる練習だと。相手には触れさせないで、こっちが触れる練習。触れるということは切るということです。柔道というのは、弱い人が強い人を倒す技術。柔道原理。それは誰もが分かるんだ。柔道は力がなくても勝てる、倒せる。それを一緒にするんです。そうすると、向こうが殴ったり蹴ったりしてきた場合、触れさせないでこっちが倒すと。触れさせないということで、倒すためには触れなきゃいかんでしょ。ただ、エイッと合気で倒すわけにはいかないんだ。やっぱり触れなきゃいかん。触れるということは、剣道で言えば切っていることになる。向こうには触れさせないで、こっちが触れると。触れたときは、こっちがつかむか押すかして相手を倒す。それが、つまり当身技であり、関節技ということになる。こうやって常識論で説明する。あえて難しいことを言わないでね。

触れられないようにして、こっちが触れるのは大変難しいんです。それを突き詰めていけば、どちらも上手になったら相討ちなんです。そうでしょう。ギリギリのところで。そこで計算があるわけ。距離の計算が。それが昔の名人はコンピューターなんだ。宮本武蔵は佐々木小次郎が真剣で切り込んでくるのをちゃんと計算しているわけですよ。向こうが目の前をチャッと、大刀がね、パッといったときに、こう、かすったときに木刀でパッと届く。それを計算していた。それであっと言えば、それでもう脳天を食らわされて死んだと、こういうことでしょ。相討ちというのは相手に皮を切らしている間に肉を切るということです。それが相討ちの原理。下手なうちはパっとかわしてシャッとやればチャンバラみたいにできるけどね。どちらも上手くなれば、なかなかそうはいかないですよ。

最短距離を行かなければね。だから武道の形とチャンバラの形とは違うということを言うわけです。

＊『柔道と禅』
一九七五年（昭和五十年）九月の日本体育学会で富木謙治が発表した論文。その中で柔道原理、剣道原理及び手刀についても触れている。「資料」一四四ページを参照。

＊大森　曹玄
一九〇四年（明治三十七年）～一九九四年（平成六年）。臨済宗の禅僧。直心影流の山田次朗吉の弟子であり、直心道場を主宰する。山岡鉄舟ゆかりの高歩院の住職を務める。

＊オイゲン・ヘリゲル
一八八四年（明治十七年）～一九五五年（昭和三十年）。ドイツの哲学者。一九二四年（大正十三年）東北帝国大学で哲学を教えるべく来日する。阿波研造（大日本武徳会弓道範士）に弓術を学ぶ。

演劇との違い

たとえば中国武劇団は、いくら巧妙でも合わせているね。あれはやはり武術的に言えば無駄な動作がありますよ。そうなると、真剣の技を生かすのが武道か、真剣じゃなくても体を巧妙に動かせば健康にはいいし、楽しくやればよいか。それは今度は価値観の問題になってくるんですよ。そういうことをはっきりと分析して議論しないと、形ばかりやっていると無駄な動作が入ってくる。無駄な動作がどこから入ってくるかというと、あなた方も杖をやったり、形をやっているから分かると思うけど、チャンバラになると目付けと間合いがいい加減なんだ。

主役がいくら後ろ向いても向こうは切ってこないんですよ。そうでしょ。派手に踊っていればいいんです。そうしたら、二、三人バラバラと倒れていく。本当の剣は、三十度から四十度の視野の中に相手を入れないといけないんです。そこからはずれたらやられるんですよ。相手を剣先で追わなきゃいかんでしょ、目付けと距離の問題ね。ところが舞台では真剣勝負じゃ観客が面白くないんだよ。あっと言えば相討ちで倒れちゃって、それで芝居が終わりじゃダメ。だから無駄な動作が多くなるんです。武劇団は体操選手と同じくらいの体の敏捷性とね、それはそれで非常にいいことなんです。だけど武術的にみると無駄な動作ばかりやっている。そういうことをはっきりして、演劇としての美しさと、武道としての美しさは違うということ。そういうところが非常に大事なんです。

柔術の三分の一は座り技

起倒流をずっと遡って、江戸時代の初めに遡ると、例の福野《ふくの》正勝《まさかつ》*という人が、良移心当流《りょういしんとうりゅう》、福野流ともいうんですが、それが二代目、三代目で起倒流になるわけです。その末裔に嘉納先生は習った。その福野正勝という人は柳生石舟斎から剣術を習って允可《いんか》を得ているんですよ。小栗流もそうだしね。関口新心流、これは徳川御三家の一つ、紀州の御流儀。関口流は林崎流《はやしざきりゅう》の居合をやっているん

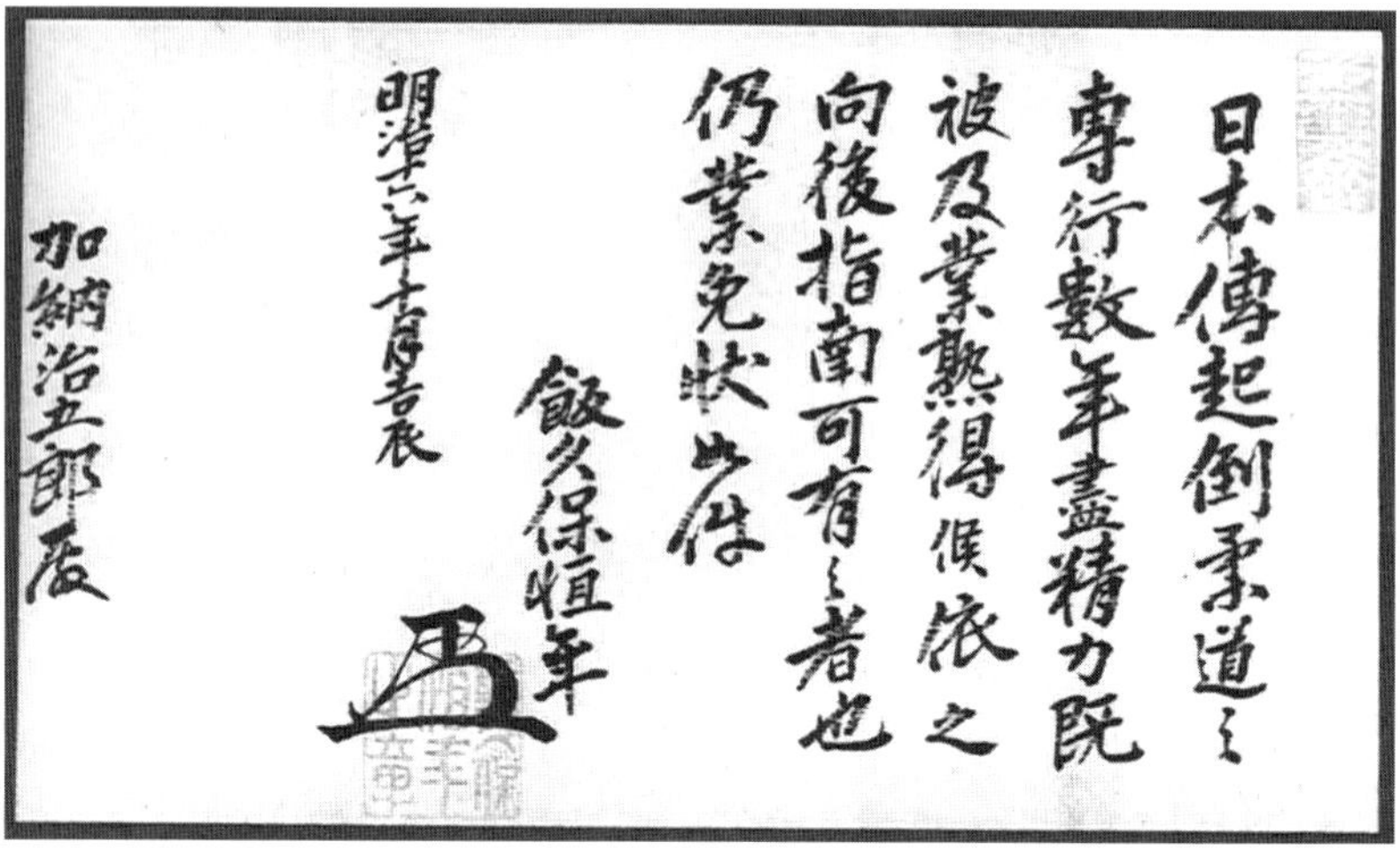
日本傳起倒柔道々
專行數年盡精力既
被及業熟得候依之
向後指南可有々者也
仍業免狀如件
飯久保恒年
明治十六年十月吉辰
加納治五郎殿

飯久保恒年から嘉納治五郎への起倒流免許皆伝書　写真提供：講道館

ですね。昔の人はみんな両方やっているんです。

鎧を脱いで生活上平装になっても、すぐに斬りつけ合うと、柔術の先生は考えるわけです。そこで居合術があって、組み合う技から柔術が出てきた。組み合うといっても昔の有名な柔術は三分の一くらいが座り技になっています。天神真楊流百二十四本の中の三分の一は座り技。なぜ、座り技を重視したかというと、侍が裏芸としてやるのだから、しょっちゅう刀を抱えているわけじゃない。一杯飲んでいるようなときでも、さっと間に合うように座り技を練習したわけ。それで刀を抜き上げたところを逆にとって抑える。その代表的なものが、極の形で残っているわけですね。だから、乱取りというのはむしろ基本練習ですよ。嘉納先生の書かれたものにも自分は形と両方やったと。乱取りだけ強い人と、形だけやった人もいるが、自分は両方やったと言っています。

＊福野正勝
生没年不詳。織豊時代から江戸時代前期の柔術家。柳生宗厳に柳生新陰流を学び、組み討ちの和（やわら）を創案し、茨木俊房と良移心当流（福野流）を興す。門下の吉村扶寿（兵助）が起倒流第二代を継承している。良移心当流は弟子の笠原四郎左衛門によって伝えられ、主に九州で広まり明治時代まで存続し、明治の柔術の強豪であった中村半助を輩出した。

関節技もあった明治の乱取り

明治初期に発表するときは、ほとんど西洋かぶれした時代だから。体育を表に出して乱取りをやったんです。警視庁で姿三四郎のモデルになった西郷四郎《さいごうしろう》＊が例の良移心当流《りょういしんとうりゅう》とか、当時一番強かったという千葉の戸塚派揚心流と試合をやったわけです。揚心流の人の名前は、照島太郎《てるしまたろう》＊という。千葉の揚心流の戸塚英美《とつかひでよし》＊という人の当時の日記を、古本屋で探して僕は持っているんだ。上手いね、あのこう、筆で日記を書いているけど、それが僕に舞い込んできたんですよ。それを見ると照島が佐藤《さとう》法賢《ほうけん》＊と試合したり、横山作次郎《よこやまさくじろう》＊と試合をしたという名前が出てくるんですよ。良移心当流のほうは中村半助《なかむらはんすけ》＊。姿三四郎でモデルになった人。

そうすると、乱取りをやっていてなぜ勝ったんだろうという問題が出てくる。僕が植芝先生に入門したときに、僕はまだ現役の五段だったから腕っぷしも強かった。そのときに植芝先生が「お前の柔道は組んでくるだろう」と言うんだな。「うん、そうです」と。「来てみろ」と。こっちは習うつもりでしょ、何も知らないんだから。すると植芝先生は、涙が出るほど思い切ってやるのね。バカにされると思うから、試されると思うから、植芝先生は涙が出るまで極めつけるんですよ。武田先生なんて本当にひどかった、素人つかまえて。習っていると面白い技があるから何とかして覚えたいと思って行くけれどね。

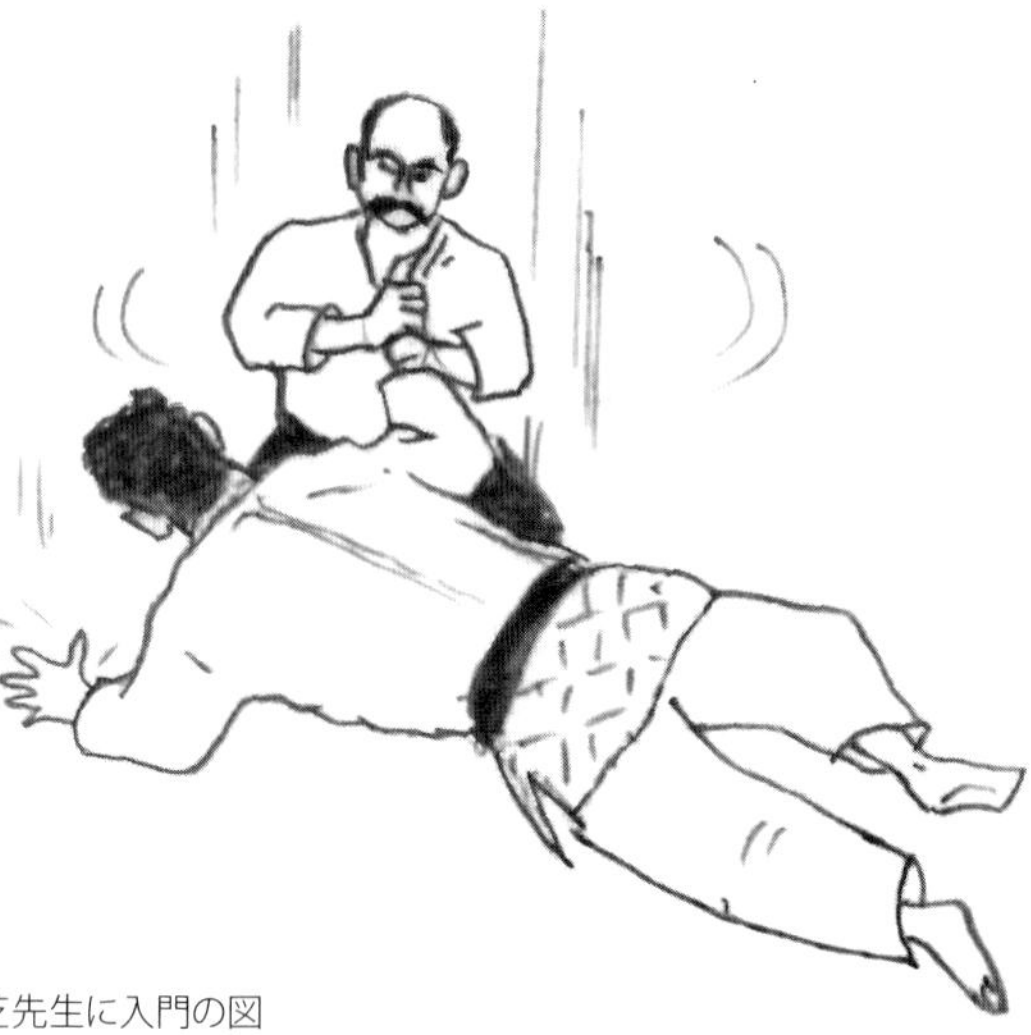

植芝先生に入門の図
涙が出る程極めつけられる富木謙治
画：佐藤忠之

そこで僕は考えるのは、こういう人と試合をするつもりで行ったら、どうなるだろうと。そこで気がついたことは、植芝先生は組みつかれて襟をつかまれると同時にすぐ技をかけるからね。柔道をやっている人は相手を振り回して崩してしまえばいい。振り回せば強いから。関節技がいくら強くたって、技をかけようとしたときに振り回されて崩されれば決まらないんですよね。そうすると、柔道のほうが組みついてすぐ崩すのが早いか、合気道のほうがちゃんと柔道の自信があれば多少振り回されても足腰がしっかりしていればその間にぱっと関節技を決めるから、その勝負になるんですよ。そうすると、やってみなくちゃ分からないということになるでしょ。合気道の人に黙って手を取らせてしまえば、どんな強い人でも、お相撲さんでもそれは勝てませんよ。そういうことをよく考えたものですよ。

ところが植芝先生ばかりじゃない、いまだってそういう傾向があるけれども、柔道は組んでからやるからね、こっちは組んだときには技をかけているとホラ吹いているんだね。だからおかしいんですよ。実際を知らないんです。その証拠には、講道館が警視庁で西郷四郎たちが試合をやるでしょ。あの当時の記録を見ても、明治二十年を前後にして、十八、十九、二十年の三、四年の間は毎年やっているんです。講道館のお弟子さんは断然、勝っているんです。どうして勝ったかと、私に推定させればね、これはどういうルールでやったか分からないんですよ。老松君がそこまで研究しているか、何か拠り所があると結構だと思うけれど、分からないんです。そうすると他流試合といってもケンカじゃないから、ある程度乱取り的なものが多くて、関節技はもちろん取ってもいいと。蹴ったり殴ったりするのは、おそらくやらんのではないかと思うんですがね。たとえ殴ったとしても、関節技なんかほとんど怠けて各流やってないから、崩しも何もないから、えいっとやっているうちに、みんな足っ払いや山嵐でぶん投げられたと思うんですよ。確かに、嘉納先生の講道館が強かったということになる。いまでも合気道をたとえば四、五年やったのと、柔道の選手で四、五年やったのとで試合をさせてみれば面白いと思うんだ。関節技だってそう決まるものではないですよ。それは明らかです。やはり足腰をやって、鍛錬して、接近したときの威力はやはり柔道は強いです。柔道の乱取りそのものが強い。あれだけ練っているんだから。だから、つかんだら投げられちゃうなんてものじゃないですよ。勝負だったら、関節技で捻挫させられても足っ払いで勝っちゃいますから。僕が植芝先生に弟子入りしたときにそう思ったんですよ。だけど（そんなことよりも）柔道の場でこれもやったらどんなにいいだろうというのが、僕の考え方だったのね。

＊西郷 四郎
一八六六年（慶応二年）〜一九二二年（大正十一年）。講道館六段（柔道殿堂）。講道館四天王。天神真楊流井上敬太郎道場から講道館に移籍し、警視庁武術大会で講道館柔道が柔術諸派に勝利することに大きく貢献する。小説『姿三四郎』のモデルといわれる。

＊照島 太郎
一八六〇年（万延元年）〜没年不詳。戸塚派揚心流の柔術家。同門の好地圓太郎とともに警視庁武術大会で講道館柔道と対戦する。

＊戸塚 英美
一八四〇年（天保十一年）〜一九〇八年（明治四十一年）。戸塚派揚心流の柔術家。父戸塚英俊（沼津藩、千葉県の柔術師範）から戸塚派揚心流を受け継いで、千葉市に道場を開き、柔道の普及に努めた。一九〇三年（明治三十六年）に全国で二人の大日本武徳会の柔術範士の称号を授けられる（もう一人は熊本県の四天流の星野九門）。戸塚派揚心流は江戸末期に門弟一万人、明治時代に門弟三千人と言われ、江戸末期から明治にかけて

全国一の門弟数を誇ったといわれる。

＊佐藤 法賢（岩崎法賢・いわさきほうけん）

一八六六年（慶応二年）～一九二九年（昭和四年）。講道館七段。生家は真言宗の寺で、柔道にあこがれて嘉納塾に入塾する。警視庁武術大会で柔術諸派と対戦する。

＊横山 作次郎

一八六四年（元治元年）～一九一二年（大正元年）。講道館八段（柔道殿堂）。講道館四天王。天神真楊流井上敬太郎道場から講道館に移籍し、一九〇四年（明治三十七年）に山下義韶と並んで講道館初の七段に昇段する。警視庁武術大会で講道館柔道が柔術諸派に勝利することに西郷四郎とともに大きく貢献する。東京高等師範学校柔道教師としても指導者の養成に尽くす。

＊中村 半助

一八四五年（弘化二年）～一八九七年（明治三十年）。良移心当流（久留米下坂道場）の柔術家。久留米柔道界の四天王と呼ばれた。初代警視庁柔術世話係四人のうちの一人。四十一才当時の一八八六年（明治十九年）に当時二十二才の横山作次郎と五十五分間試合し、三島通庸警視総監の裁定により引き分けとなる。小説『姿三四郎』の村井半助のモデルといわれる。

嘉納先生と当て身

当て身については、僕の研究では嘉納先生はそこまで研究しなかったんじゃないかと思うんです。昭和二年に嘉納先生が発表した精力善用国民体育、あれを一番最初に出したところに非常に意味があると思うんだ。それから昭和六年に出した柔道教本。これは上巻だけしか出していない。嘉納先生が書いた生涯に一冊の柔道の教科書です。

年代的に見ると、大正十一年、十二年に船越義珍《ふなこしぎちん》＊先生が嘉納先生の前で空手を演武して、嘉納先生は非常に推奨したわけですよ。空手の殴る、蹴る威力ですね。ほとんどそういう技を見たことがなかったんです。明治以来ずっと。

そこで嘉納先生は講道館柔道を発表してから四十四、五年経って「何とかしなきゃいかん」と思ったわけだ。そういうことはあちこちの言動でよく分かる。私自身も、昭和の十年頃に会って、タナカくんが植芝先生のところに弟子入りしておるということを知っていましたから、紹介しましたからね。そのときに嘉納先生は私に「昔の柔術というものは、植芝さんがやっているようなものだった。だけどあれがなかなか難しいんでねえ、君」とおっしゃった。そのときに僕はすぐに反論はしないけれど、そのとき思ったことは、先生の分析された柔道原理、「つくり」や「かけ」というもので分析すれば、私は必ず面白くなるという自信を持ったんですよ。それがいまようやく実現しつつある。

＊船越 義珍

一八六八年（明治元年）～一九五七年（昭和三十二年）。沖縄県出身の空手家。初めて唐手（空手）を本土に紹介した一人であり、松濤館流の事実上の開祖である。

当て身の基本動作は足の捌き

当て身の基本動作としての要領は、手っ取り早く言えば、足で移動していくことで押し倒すのと、パッと拳の衝撃でいくのとの違いと解釈したらどうでしょう。

そうすると、技術の目的が、倒すためには相手の動きよりこちらの足の速さが問題になる。手を当てて相手がどちらに動いても、直角のほうから力が加われば相手が逃げて行く。それで向こうが一m動くなら、こちらは一m十cm動いてひっくり返す。そういう解釈。そうすると相手の隙を見て、相手の顎の五cm前までパッと掌底を持っていく。これが速くなきゃいかん。これがあってここまできたときにね、その次には足がどっちにでも移動できる態勢になっていないといけないんです。そうすると手をピストンのように使わないから、足の構えと運びが空手と違ってくるだろうと思います。

基本動作が剣道と同じで、足のパパパッという速さをうんと練習する。戦争時代、満洲時代、関東軍時代に、剣道でさっきの姿勢に対して、刀をこう引き斬るのがいいか、押し斬りがいいかという問題が出た。いまの剣道は押し斬りになっているんだね。メーン、メーン、ドウ、動きながら。ところが古流剣術の先生はパッと引き斬りでないと斬れないと言う。これをやるためには、足を開

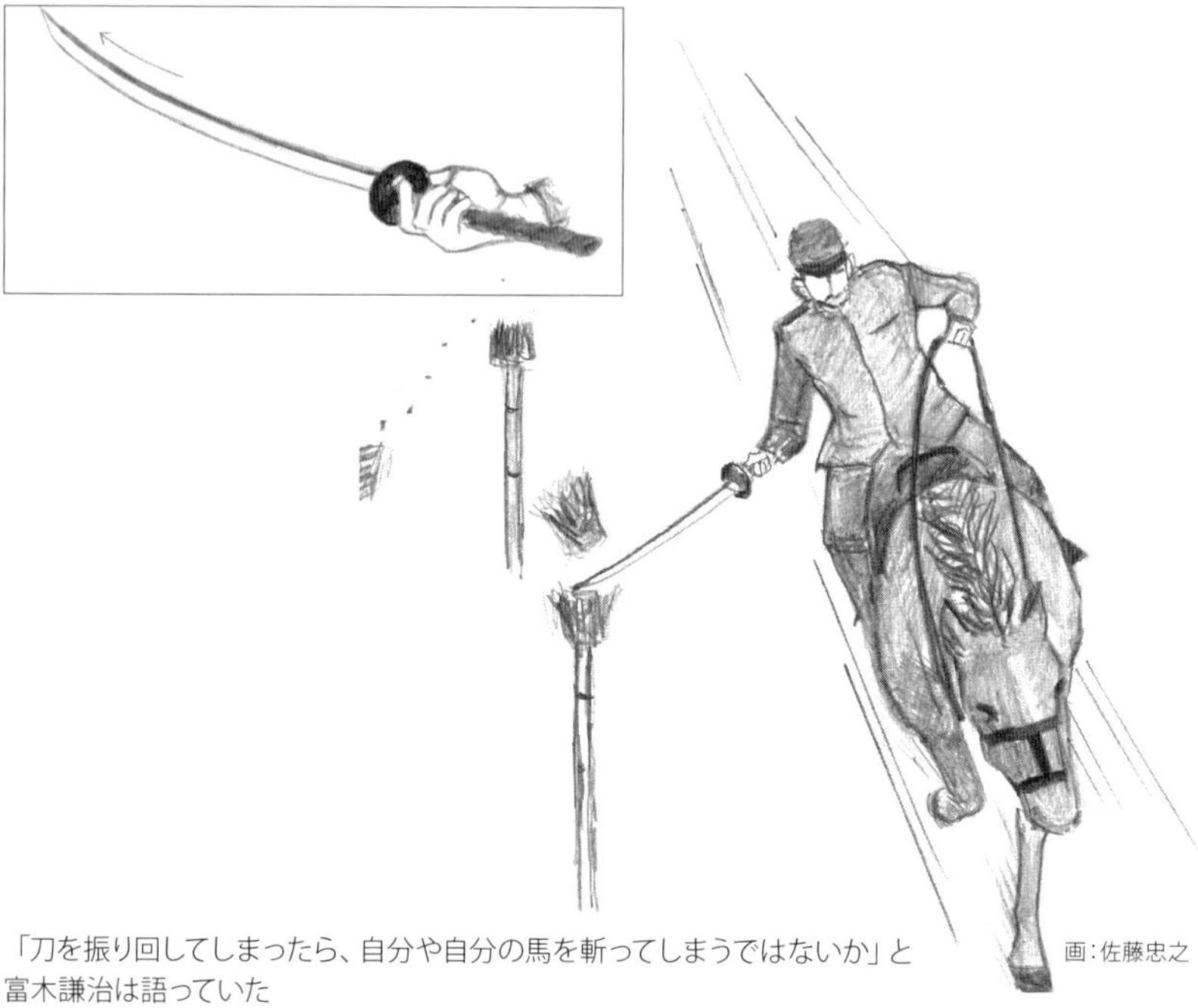

「刀を振り回してしまったら、自分や自分の馬を斬ってしまうではないか」と富木謙治は語っていた　画：佐藤忠之

いて固定してこうしてやらなきゃいかん。つまりね、据物斬りなんです。ところが、剣道の人は実戦で乱闘の場合は止まったらやられると。だから動きながら斬っている。

その極端なものが、昔、騎兵隊があったんですよ。その騎兵隊の練習を見ていますと、棒を立てて、それに藁束を巻いて、馬に乗って走りながらパッと斬る。パッ、パッ、パッと押し斬りで、つまり馬脚の移動力で斬る。パッと構えてね。それと同じように合気道は、相手はいろいろ動いていて、手刀で倒すなり、パッと掌底を相手の顎の前まで速く持っていくんですよ。五㎝、十㎝まで持っていったときに相手は間合いを破られて、半分以上負けています。もう九分九厘ね。あなた動くでしょ、右に左に。この態勢で手がここまでいったときに、足の用意がちゃんとできていて、どっちにもサッと動く態勢。あまり足を開いてこうやったんじゃ、足が止まる。剣道はダッと足から出てくるでしょ。間を攻めていって、ここでパッといくわけでしょ。それと同じなんだ。だから私は「合気道のほうは、剣道の理合を取り入れてやってください。それが、理論として歴史的にも一番合うようだから」と、そう説明している。

技はセンス、リズム感から覚える

昔の修行を植芝先生自身はやったかもしれないけど、二代目、三代目というのはだんだん格好ばかりになるんですよ。実際に乱取り試合で苦労したことがないと、実戦の経験がないと安易になってしまう。

合気道の特徴は多敵に対する技、剣道や柔道はみんな一人を相手にするが、こっちは常に三人、四人を相手にするというような理屈を作る。一人も完全にできないものを、三人も四人もできるわけない。だけど知らない人にはそういう妙な理屈が通るようになる。それはだんだん崩れるでしょ。見せるために。

だから、本当の形というのは人に見せる必要はないんです。二人でするなら、二人で探求する。それなら形の練習も私はいいなと思う。人前で形を見せなきゃならんとなると、誇張しなきゃ物足りないもんね。たとえば足がパッときたら、飛び上がってサッと押さえるでしょ。ところが見せるためには、もういっぺん跳んで三度目で押さえるように組み立てる。中国の武芸団、あれをどう見るかと言うと、形の基本は相手の動作に遅れないようにパッと合わせていくことです。だからそういう意味では素晴らしい。少年をあれだけ仕立てるのは大変なもんだ。しかし、武道の技ではない。縄跳びと一緒なんです。ある意味ではチャンバラですね。

ただ合わせ方が上手い。牛若丸が弁慶が薙刀できたのを跳び上がったっていうのも、あれは縄跳びの理合ですよ。子どもが両方で回しているでしょ。走ってきてパッと跳ぶ。あのセンスがなきゃダメなのね。走ってきて跳び上がるセンスが縄跳びも必要なんです。最初はセンスを練習するために周期が決まっている縄跳びもいいでしょう。形というものは決まっているから、向こうが来たとき跳び上がるんでいいんです。それで上手く跳び上がって合わせる。弁慶の物語で「(牛若寄るとぞ見えしが)たたみ重ねて打つ太刀に、さしもの弁慶合わせかねて」という言葉がある。合わせかねてと。それはリズムが変わってくると合わせられなくなって切られるという意味だな。武道の難しさは、いつ来るか分からない、それに応ずるのが大変難しいということです。

形は合わせ方を練習する。早く打ってきたら早く打つ。のろくしたらのろくする。合わせ方から練習していかないと。柔道の練習では、君たちは力を練習する前にセンスを養わなきゃいけない。それで足払いのコツを、相手が歩いて来たら、手をかけないで、出足払いをトントントン、パッと払う。それだけで練習するんですよ。僕は、中学時代さんざんやりました。そうすると足払いのセンスが身につくね。それを今度は実際に応用する。今の柔道はリズムでなくなってるんですね。だけど技はセンスなんです。リズム感から覚えていかなければね。

合気道の基本練習

だから殴られる、蹴られるということを、殴られない蹴られない間合いをつかむために、古式の形には組んでからの技と組もうとして組ませないのと、組もうとする手首をつかんだり三段階あるね。それを延長解釈しなきゃいけない。だから、手首を取って投げる技をうんと練習することなんです。

それを武田惣角先生と植芝先生が襟袖を持たないで相手を投げる技を、とくに植芝先生が二十七、八歳までやったんです。そこに関節技を入れた。腕を持って相手を崩して投げるところに関節技を入れたから、さらに効果を上げたんです。それをいま我々がやっている。だから私は、合気道は柔道の投げの原理の延長のように関節を使うという解釈です。襟を持って崩すよりも、パッと手首や肘を持って崩す。それが植芝先生は理屈なしに上手かったということです。

合気道の基本練習として、剣道の打ち込みのように一人でうんとやるといいです。柱に向かってやれば一足一刀の間合いが取れる。一歩踏み出してパッと手を早く出す。ちょうど柱の十㎝、あるいは五㎝前で止める。パッと狙ってパッと出す。そして出したときに足が踏ん張ってしまったら、そこから前へ出られないでしょ。そこから前へ出るのが本領なんですよ。そういう基本練習を説明してやらせます。これを徹底してやれば、もっと当身技が出てくる。危険なしの押し倒す動作で。空手のパンチほど速くパッと自然にパッと出るように練習する。

短刀を持たせたきっかけ

剣道になると防具をつけて、僕も木剣はかなりやっているけれど、防具をつけてやると上手くいかないんだ。南郷次郎《なんごうじろう》*さんにはえらい目にあった。南郷さんは、柔道は組んでばかりやっているけれど、戦争中だったから、離れた場合に（どうするんだということを）、僕を試験台にして新しい防具を用

意して、拓大出で柔道四段、剣道三段だかを準備してたんですよ。それで「君は無手で、向こうは竹刀でやってくるから抑えてくれ」って言うんだ。僕は形ばかりやっていて乱取りをまだやっていなかったから、それから本気で乱取りやらなきゃいかんと思ったんです。竹刀でこられるとなかなか破れない。五本に一本で、四本は叩かれちゃったよ。ふうふう言ってね、僕。

そのときに考えたのは、剣を持った相手に素手でいく場合の間合いは、一歩踏み込んで届くなら楽ですよね。それで私は、そのときから短刀なら素手でも間に合うと思った。

そういったことが積み重なって短刀を持たせるようになったんです。最初に早稲田の学生を連れて警察大学に行ったとき「そんなのできるか」と言われたんです。警察大学で剣道二、三段くらいの人が突けないんですよ。成山（哲郎）もそう言っていた。成山が国士舘のキャプテンで、山形市が郷里だから合宿したわけですよ。山形の天童に自衛隊があって、自衛隊の銃剣術の先生が「突かせてくれ」と言ったそうです。それで勉強だと思ってやったら、銃剣術の先生が短刀では成山を突けない。それで自信を持っちゃったんです。小林裕和《こばやしひろかず》＊君が成山が実際にかわすのを見て、やはりこれは僕のほうが正しいと思ったらしい。

いまの柔道だって、こっちで何もつかまないで、向こうでパッとかけてくるのは重心をそらしてかわせばいいんですよ。我々が突いてくるのをかわすように、立ったまま自然体で。理論的には一足一刀の間合いなら大抵、避けられるでしょう。

組んだら、一足一刀の間合いを破っているから、今度は足がくるのをかわす。向こうがかけてくる間に一㎝そらしたらかからない、技というのは。重心をそらせばいいんです。それをただ組んでいるから、二段モーションで腕力を鍛えている大きいやつに持っていかれるんだ。それを防ぐことばかりやっているから、何年やっても腕力の強いものに負けるんですよ。それがオリンピックにつながるんです。もっと基本練習を変えなきゃいかんと柔道に対して言っているんですけど、私が柔道の先生たちを集めて講習やるわけにはいかんしね。一部の私に習いに来るやつにしかできないから、声が小さいんです。もっと意見を出そうと思っています。やはり元を勉強しなきゃいけませんよ。

原点をね。昔の人は本当にそれで死ぬ思いで命がけで研究したわけですから。我々は遊びみたいなもので趣味としてやっているだけでね。やはり元を忘れないようにしないといけません。

＊南郷 次郎
一八七六年（明治九年）〜一九五一年（昭和二十六年）。第二代講道館館長を一九三八年（昭和十三年）から一九四六年（昭和二十一年）まで務め、戦時中に「柔道の離隔態勢の技の研究委員会」を設置する。海軍少将。母は嘉納治五郎の長姉柳子。

＊小林 裕和
一九二九年（昭和四年）〜一九九八年（平成十年）。合気会八段。植芝盛平の直弟子の一人で、大阪府内に道場を開き、合気会、大阪府警、関西学院大学などで指導に当たる。合気会の師範でありながら、富木謙治の合気道競技に門下生を参加させる。

「形」「乱取り」「試合」

練習法には、「形」と「乱取り」と「試合」があります。

まず「形」ですね。これは昔の偉い人が実戦をやってみて、こういう技で自分が勝ったということになると、それが一つの動作として定形されていった。いろいろやってみて、こうやったとき失敗した、こうやったとき勝ったということが一つの形になって定まるわけ。それが形なんです。

そうすると、この形というものは試行錯誤で、しょっちゅう失敗するわけ。試みては間違って。武術というのは危険な技術だからね。その危険なことを敢えて行う。昔は武道をやるなら少しくらいのケガは当たり前という考え方。我々、明治時代、大正時代まで武道の練習で多少のケガは当たり前という考え方だった。それがだんだん、そんなことじゃいかんということで、現代のようにあれも危ない、これも危ないということになってきたわけですよ。

その場合、嘉納先生が乱取りというものを作ったでしょ。これは、最初は扱心流《きゅうしんりゅう》というのがあるんですよ。それから起倒流は、嘉納先生がとくにやった護身の形ですね。これは扱心流形残りという名称があるんです。こちらの方はみだれ。起倒流みだれ。これは素朴な乱取りに近いんですよ。

ここに自分がおるとします。相手がここにおる。ここで対決するわけだね。右から襲われた場合の一つの手段、技がある。左のほうからやってくることもある。後ろの場合もある。そうすると全部回れば三百六十度になる。武術は相手が少し動いても技が変わってくるから、厳密に言うと三百六十本の、もっと細かいかも知れんが、技がなきゃいかん。立体的にもあるから、これは非常に複雑なものなんだ。

最初に形を作った武術の大先生が、三百六十本をただ不用意にやったんではダメだから、前、右、左、後ろと四本の基本を作った。右から来た場合にサッと、左から来た場合はサッとというように四本を練習したとすれば、その中間もあるわけでしょ。そうすると八本の基本の形になるわけです。こういうふうにして試行錯誤の結果、定形されたものが基本の形。そしてこの八本を基本にして、この間とこの間はどうするかというと、これとこれを繰り返し、繰り返しやっているうちに、応用としてここも出てくるということになる。そういうふうにして、だんだんいくと、乱取りになってしまうんですよ。

だから昔の練習法は、四本の形を丹念にやるわけですよ。そうして自然に、これとこれとの間も覚えると。それよりも八本にしたほうがいいだろうということで、最初に八本習って、これとこれとの間は一つの応用として練習する。さらにこれとこれの間の分析をする。こうして丹念にやっていけば、形だけでもいいわけです。さっき私が言ったのは、右の襟をつかまえてかける練習をしたら、今度は左のほうもやる。こういうふうに一つの技を丹念に練習していけば、乱取りと同じ意味が出てくるんです。ところがこれが退屈なんです。形としてやると。

本当の乱取りとは

形というものは、初めから勝つ方と負ける方を決めてやるのが形なんです。ところがこの形にもいろいろあって、たとえば「一番最初は浮き落としです」、「次は浮腰」と言って、双方約束で順序立ててやるのも形なんです。乱取りの練習の最初でも、いつも投げられ役が決まっていて、勝つ方は投げの形の順序に従わないで背負い投げをやってもいいし、内股をやってもいいし、とにかく出たとこ勝負だけど、負け役はいつも負けが決まっている。これもやっぱり形なんです。

ところが合気道やその他では、勝つ方は約束でやっているんだけど、これを称して「自由稽古」と言っている人がいる。これは形ですよ。乱取りというものは、勝ち負けがどっちになるか分からないのが乱取りです。そこに非常にごまかしがあるんですよ。「俺は自由稽古やっている」と言うと耳障りがいいでしょ。だけれども、いつも勝つ方は植芝道主。負け役になることはないんです。これは形ですよ。どんなに派手に右から左にポンポン投げたところで。形の定義は、初めに約束で勝ち負けを決定しておいて、そして手順を練習するということです。投げることばかりする乱取りの練習も必要ですよ。ただそれは形なんだ。一本目は何、二本目は何と決めてやるのだけが形ではないんですね。形の中に、勝ち負けをあらかじめ決めている自由稽古があるわけです。

だから二つの意味がある。それをまず理解しなきゃいかん。本当の乱取りというものは、どちらが勝つか分からない。どちらでも隙のあるほうが攻められる。だから主導権争い。どちらが主導的に機先を制するかということになるわけです。だから試合は受けるだけじゃなくて攻める。攻めなきゃダメ。そこに審判を置いて、最初の一本を取ったほうを勝ちにする。それが試合になる。

第五章

武道の近代化を考える

形を習う意味

すべての芸事に形がある。職人だって大工だって、小さい陶器に絵を描くにしても、字を書くにしても、ある一つの技術を覚えるために初代の人と同じ苦労をしなくてもいいんです。初代の人はいろいろやってみて、これはダメだ、ここのところが一番きいた、これを一つの形とする。これが基本だと経験の中で作り上げた。そうすると後に習う人はこの基本を最初にやるんです。代表的な基本を練習する。四本の基本の形を最初に習うんですよ。そうすると早道でしょ。親父やおじいさんが経験して習った形を、これから習う子供は一番最初に教えてもらう。そうすると非常に早道なんです。すべての文化現象は、たとえば近代科学、建築にしても何にしても、すべての学問の世界はみんな昔の人を踏み台にして、その上に積み重ねてきた。

積み重ねて進歩する科学

たとえばニュートンは落下の法則を発明したと、それを踏み台にしてアインシュタインが一般相対性原理を見つけた。そういうふうにして科学というものは常に自分の師匠とか親父、先祖を踏み台にして自分がその上に乗せる。だから親父が五十年かかったことを自分は五年でできるわけですよ。後の四十五年は新しい研究をする。そうすると孫になると、百年かかったことを十年でやる。そうやって積み重ねて進歩があるわけです。ある学者が新しいこと発明すると、それを公表して、今度は若い人がこれを研究する。最初の人が五十年かかったことを五年でマスターしていく。その上をいく科学を作る。積み重ねるのが科学。だから自分の師匠を批評したり、けなしたりするのが科学の世界では当たり前なんです。ところが宗教というのは、先祖を絶対なものとして考えるわけですよ。絶対者で万能で、弟子は神聖な祖先を批評したり、いわんや批判したりすることは許されないわけだ。そういう態度で臨むんです。

武道は科学か宗教か

禅にこういう言葉があります。「仏にあったら仏を殺せ、祖にあったら祖を殺せ」と。殺せと、非常にひどい言葉を使っているんですね。禅の世界では決して絶対のものはない、常に自分を否定して、先に先に否定していくということです。だから鈴木《すずき》大拙《だいせつ》*先生などは、禅は宗教とは違うとおっしゃっている。そういうところに禅が世界的になっている理由があるんです。

そこで武道の問題に話を移すと、武道というものは先祖が絶対なんです。流祖を冒涜したものは破門なんです。もしくは追放されてどこかに行って、別の流派を立てるということです。師匠を批判したり、ほかから持ってきたもので変えたりさせない。絶対に神聖視するから触れさせないんです。それがいまでもある。そうした人たちは、自分が独創したようなことを言うけれど、みんな出所があるわけですよ、科学的に調べると。そういうところに問題がある。そういう宗教的なところが、宗教を悪く言うわけではないですよ、宗教は科学と別のちゃんとした世界がありますからね。宗教そのものを論ずるわけではないけれど、宗教の名において、ある一つの技術を絶対視してたんですね。そこに封建的なトラブルの元があります。

たとえば、私は合気道をより良いものにしようと研究しているので、植芝先生だけが絶対ではないと思っているんです。私の弟弟子たちにも私はそういう立場を取っている。それが気に食わないんです、その道統を継ぐ二代目道主は。どこが気に食わないかというと自分の営業政策に触れてくる問題だから。何も合気道だけの問題ではないんです。そういうことはお花の世界にも踊りの世界にもあるんですね。だから現代人は分からなきゃいけない。植芝先生は何をやったか。

植芝先生の履歴を調べていくと、さっき話したように三十歳までは嘉納先生と同じことをやっている。三十歳過ぎて、四、五年みっちりやった大東流合気柔術は何ものであるかというと、武田先生が

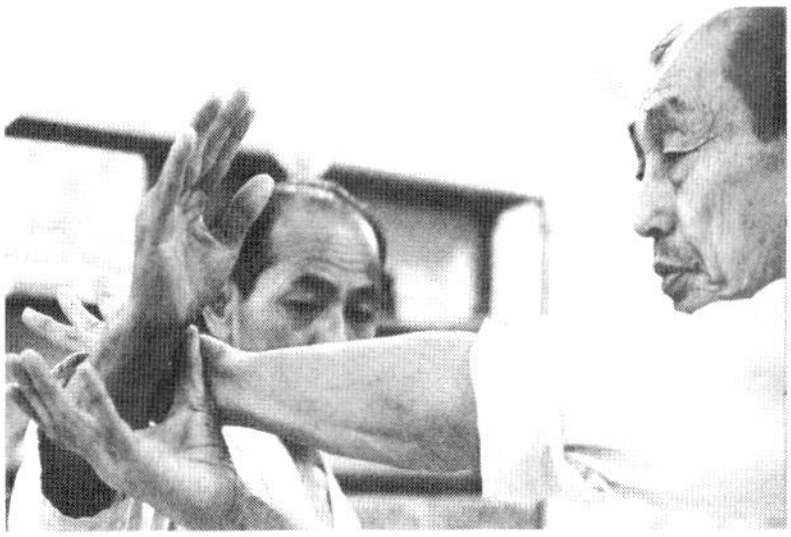

Tomiki Kenji (in shirtsleeves), founder of the Tomiki style of aiki-do, begins (right) and executes a shiho-nage throw. Tomiki believes that all aiki-do techniques must be applicable when the exponent is wearing ordinary clothing.
Donn F. Draeger (1974年) 『Modern Bujutsu & Budo』 pp.154-155 Weatherhill

出てくる。武田先生を研究していくと、武田先生は剣術の名人なんですよ。榊原鍵吉の内弟子になっていますから。技術的にどこが入ったかというと、ほかの流派にも剣は入っていますが、武田先生の特徴は四方投げのこれです。これは明らかに剣です。だから私はこれ（手刀）を強調するわけなんだ。

＊鈴木 大拙
一八七〇年（明治三年）～一九六六年（昭和四十一年）。仏教学者（文学博士）。一九四九年（昭和二十四年）に文化勲章受章。滞米生活が長く、著書約百冊のうち二十三冊が英文であり、日本の禅文化を海外に広く知らしめた。西田幾多郎とは石川県専門学校（後の第四高等学校）以来の友人である。

近代化する武道、しない武道

嘉納先生と植芝先生は二十四歳違うわけです。植芝先生と私は十七歳違います。私は明治三十三年生まれ、一九〇〇年生まれ。明治元年は一八六八年ですね、明治維新は。私は及ばずながら個人の力だけれども、嘉納先生の教育的な思想を受けているんですよ。植芝先生は非常に天才的なお方だけれども、嘉納先生よりもお若いけれども、歴史的に見れば古流の一流を立てた流祖に過ぎないということです。嘉納先生は流派を超越しなければいかんと、時代とともにね、そういうことをしょっちゅう言っておられた。それがいわゆる武道の近代化ということなんですね。

近代化とはどういうことかと申しますと、昔は各流の先生はみんな、技は秘密兵器で隠していらっしゃるでしょ。自分が実戦して、足をかっぱらって勝てばそれが一つの技になるわけですね。そして人には絶対に教えない。本当に自分が血判でも押した子分でなければ教えないというのが昔の考え方です。またその弟子が十年おれば、どこかからテクニックを盗んできて、先生がいなくなれば「俺が新しい流派を作る」と名乗り出るわけです。そうして流派がたくさん出てくる。そこに客観性がないんです。

歴史を見ると、江戸時代からとみに流派が多くなっています。三代続けば、後はほとんど形骸化していきます。剣術の柳生が三代まで。後は江戸と別れて名古屋の方がかろうじて残った。一刀流にしてもたくさん分かれていますね。新陰流も随分分かれている。山岡鉄舟《やまおかてっしゅう》*は一刀流だけれども、禅の方で無の公案を悟ったということで無刀流になった。自分の主観論で流派を作ったわけです。

山本 英輔（やまもと えいすけ）

一八七六年（明治九年）～一九六二年（昭和三十七年）。鹿児島県出身。海軍大将。海軍兵学校第二十四期。山本権兵衛元内閣総理大臣（元海軍大将）の甥。

富木 謙治

山本 清（やまもと きよし）

一八八三年（明治十六年）～一九六〇年（昭和三十五年）。山本権兵衛元内閣総理大臣（元海軍大将）の長男。海軍中佐。貴族院議員、伯爵。海軍兵学校第三十四期。

竹下 節（たけした みさお）

竹下勇の次女。夫君は三浦紀彦医学博士。一九二八年（昭和三年）に植芝盛平から、相生合氣柔術秘傳目録（写真九六～九七ページ）を授けられる。

竹下 勇（たけした いさむ）

一八七〇年（明治三年）～一九四六年（昭和二十一年）。鹿児島県出身。海軍大将。海軍兵学校第十五期。海軍兵学校同期で大本信者であった浅野正恭（海軍中将）から植芝盛平を紹介され、一九二五年（大正十四年）入門。植芝盛平を海軍関係者や華族など各界名士に紹介する。一九四〇年（昭和十五年）に発足した財団法人皇武会（後の合気会）の初代会長に就任する。嘉納治五郎は、一九三〇年（昭和五年）に竹下勇の案内で植芝盛平の道場を訪れる。

植芝 盛平

下條 小三郎（げじょう こさぶろう）

一八六五年（慶応元年）～一九三八年（昭和十三年）。柳生新陰流印可の剣術家。海軍中佐。海軍兵学校第十五期（竹下勇や浅野正恭と同期）。新陰流兵法第十九世で尾張藩最後の兵法師範であった柳生厳周の高弟。植芝盛平と交換教授したとされる。

嘉納治五郎先生はそうした流れを壊して柔道を作った。今時そんなことは古いと。各流の良い技はみんな取り入れて分類をすると。格闘形態、組んだ場合、離れた場合。離れた場合を競技化するということはできんから、組んだ場合だけをいまの柔道にしたんです。

離れた場合の技というのは、相手の腕をとらえて投げる技、逆を取る技、それをちょうど植芝先生がやってらっしゃるわけでしょ。植芝先生も非常に厳格な人で、私が習うときは「富木には教えてやる」と言って、部屋の中にほかの人は誰もいないんです。大体、座敷で教えるんだ。

夏休みに私は初めて綾部の先生の庵を訪ねて、昭和二年の一か月、綾部の先生のもとで暮らしたんです。そして稽古するときは「外をちょっと見て来い」と、見ているやつがいたら「追っ払え」と言う。人に見せないのが建前なんです。そして一技教えれば謎をかけるんですよ。

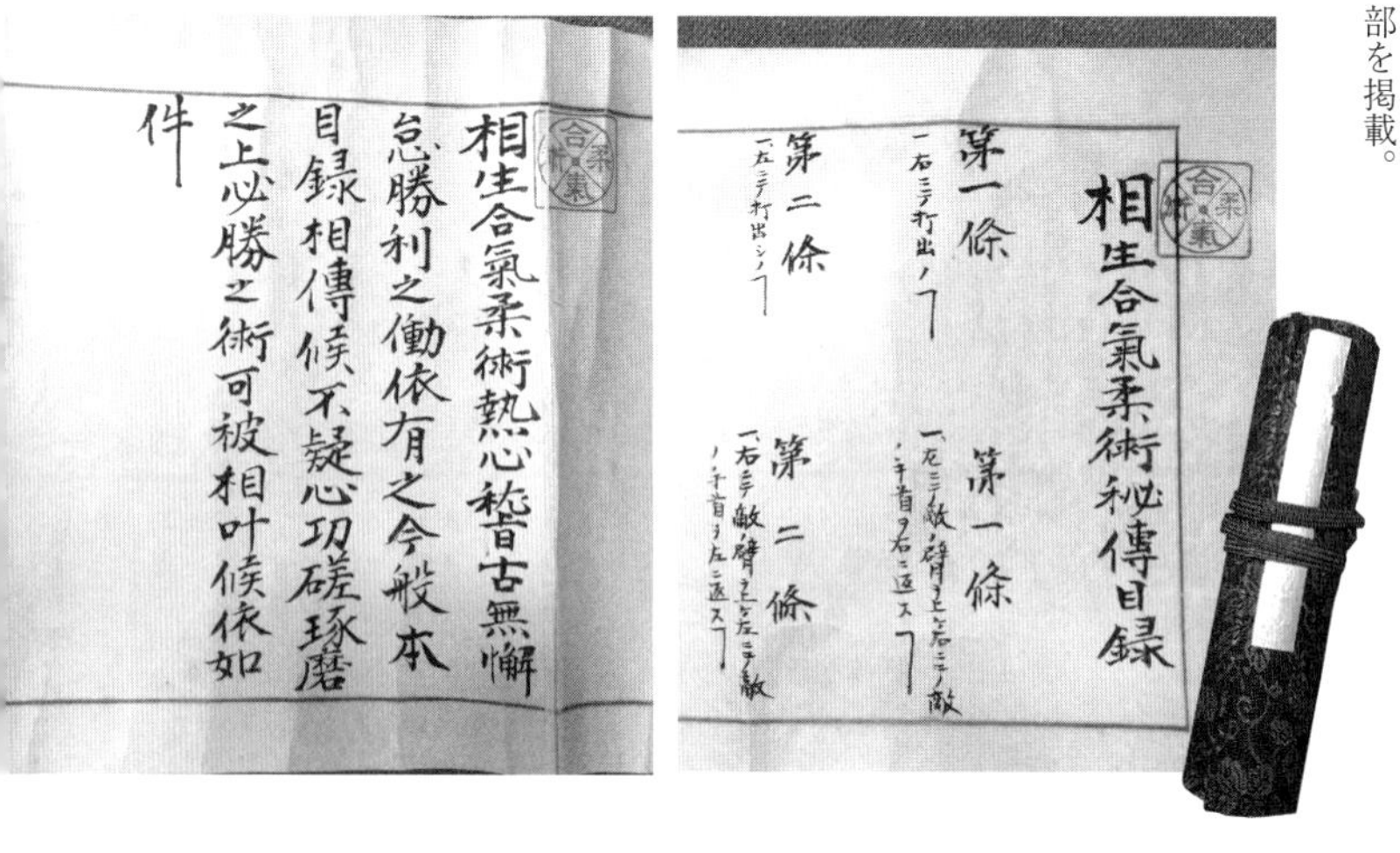

相生合氣柔術秘傳目録

植芝盛平（号「守高」）が竹下節に授けた「相生合氣柔術秘傳目録」。実物は四mを超えるため一部を掲載。

私の邪推かもしらんが、この技は武田先生から百円で習った技だと言うんです。これは容易に教えられないと。私はちっちゃな地主だったたから、夏休みに俵をオヤジに言って進物にして習いましたよ。それは仕方がないです、生活を立てなきゃいかんしね。そういう面では、武田惣角先生と植芝先生は現代の考え方とは違いますね。そういうのが昔のしきたりじゃないですか。

植芝先生からしょっちゅう聞かされたことは、会津藩ではこの技は最高の技だから、家老職や側近の武将、いざという場合に自分の殿様を守る側近の者に教えるもので、容易に普通の人には教えないという考え方です。今の若い人には想像がつかないですよ。

＊山岡 鉄舟

一八三六年(天保七年)～一八八八年(明治二十一年)。幕末、明治初期の剣術家。中西派一刀流の浅利又七郎に学び、後に無刀流を開き、槍術を山岡静山に学び、その妹と結婚し山岡家を継ぐ。剣、禅、書の達人として知られる。

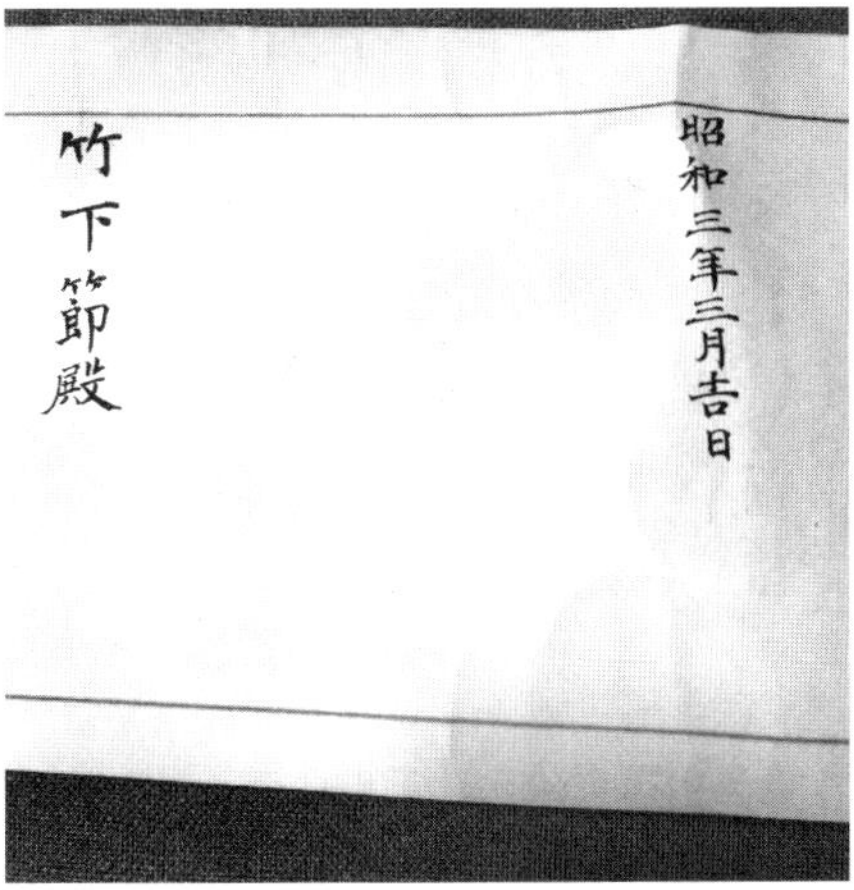

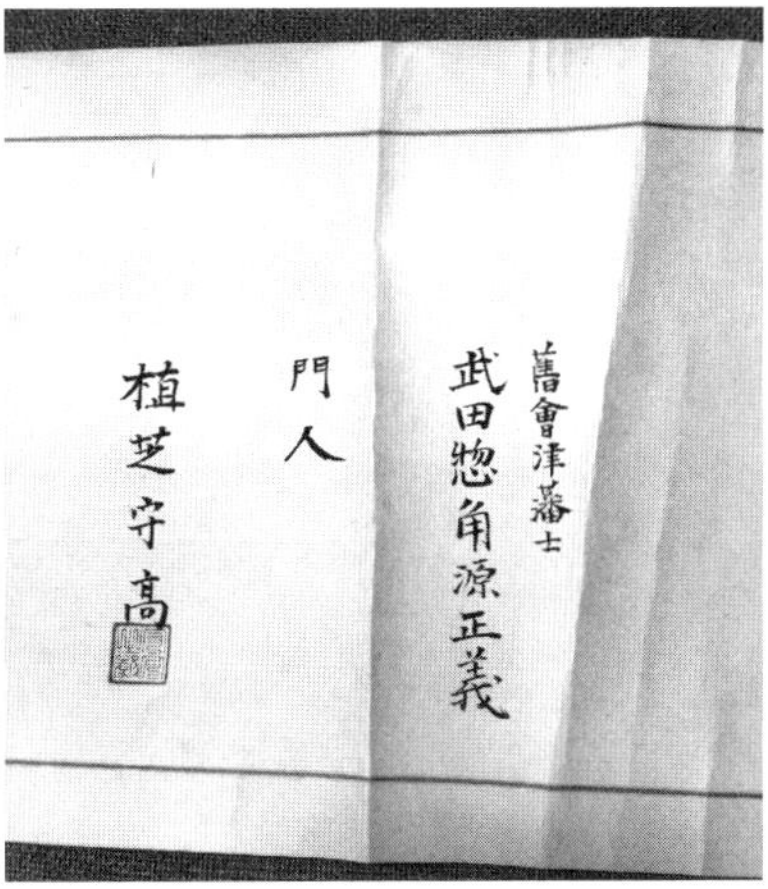

嘉納先生が目指したもの

ところが嘉納治五郎先生は、これは日本の良い体育文化だから外国人にもどんどん教えて、やがてオリンピックの種目の中に日本人が発明したものとして入れたいという考えだった。先生はあの当時、先覚者ですから、外国にしょっちゅう旅行して常に柔道を説明していました。外国人に、明治時代から教えたわけです。そうすると軍部の戦争時代には、嘉納が外国人に柔道をどんどん教えると日本人が負けるという考え方をする。それは昔の旧藩時代の考え方ですね。隣の藩に勝つために、自分の藩の子弟だけに秘法として教える。

それを嘉納先生が破って外国人に教えたものだから、非常に罵倒されたんです。だけど、そういう考え方が戦後になって生きてきたわけでしょ。嘉納先生が戦前から世界に向かって柔道を教えたから、進駐軍が来ても、（柔道を）講道館に行って習うようになり、これが突破口になって武道を文部省が認めざるを得なくなった。嘉納先生の思想は、現代につながる近代化の思想。そこに日本の武道の複雑さがあるわけですね。

私は、スポーツ化したからそれでいいっていうわけじゃないんですよ。たとえば、柔道がオランダのヘーシンク*やルスカ*に負けるでしょ。これはある一部分の練習法で負けたということなんです。

1933年（昭和8年）ベルリン放送局における柔道のデモンストレーションで鷹崎正見講道館六段（当時）を相手に実演する嘉納治五郎師範

日本の柔道が向こうに持って行かれたわけでもなんでもない。柔道というものはもっと幅がある。嘉納先生の考え方から言えば合気道はもちろんのこと、ほかの柔術の流派も近代化して全部それを含めたものが講道館の柔道であるはずなんですね。

柔道は組んだのが柔道だという一つの固定した観念があるから、私のやっていることは、「富木ってやつは、あっち行ったりこっち行ったりとおかしい」ということになるわけです。私はそうじゃない。嘉納先生を忠実に研究して、ここまできたんです。でも家元さんは家元さんで自分の立場があるので、私が妙な立場になったのが現在なんですね。だけど、だんだん新聞なんか見ると、私が流祖になっちゃってるでしょ。どうもそこらへんが、私は割り切れないんです。私は両立させなきゃいかんという説ですね。全部競技化して練習できない部分もあるんですよ。座り技でも何でもね。

＊アントン・ヘーシンク

一九三四年（昭和九年）～二〇一〇年（平成二十二年）。オランダの柔道家。一九六四年（昭和三十九年）東京オリンピック柔道無差別級金メダリスト。戦後復興の象徴である自国開催のオリンピックで初競技種目となったお家芸柔道で、それも実力世界一を意味する無差別級で、全日本選手権者の神永昭夫が袈裟固で抑え込まれた姿は、日本中に大きな衝撃を与え、他階級全てで金メダルを獲得したにもかかわらず、日本柔道敗北論にまで発展した。

＊ウィレム・ルスカ

一九四〇年（昭和十五年）～二〇一五年（平成二十七年）。オランダの柔道家。一九七二年（昭和四十七年）ミュンヘンオリンピック柔道無差別級・重量級金メダリスト。二階級制覇の無類の強さを誇った。一九六八年（昭和四十三年）のメキシコオリンピックでは柔道競技は実施されなかったため、この口述が行われた一九七五年（昭和五十年）当時、オリンピックでの無差別級の日本人金メダリストは未だ誕生していない。

スポーツ化すると浅くなるか

武道を最近見ていますと、やはり古いものと新しくスポーツ化するという問題がありますね。合気道そのものの中にも私の当面の問題がありますし、ほかの武道にもそれはあるんですね。それが非常に複雑にしているということです。

私のやることに対して、植芝さんのほうでどういう意見を持っておられるかというと、スポーツ化すると浅くなるということをおっしゃっているんだね。薄っぺらになると。私は逆なんですよ。勝負の世界は厳しくて、形ばかりでやったんでは探求のできない部分があるんですよ。勝負しないとね、ことに心理面ですね。勝負の場に出て……これは若い時代じゃないと無理ですよ。私、この年になって試合を一生懸命やったら健康を害しますよ。それは限界があるんです。年を取ってもできるところは形の探求。形で実力を極めていく方法がある。けれども試合の経験がありますと、形式的なチャンバラにならない有利な点があると思うんです。試合をすれば本当にきくけれども、形ばかりやっているとそこが分からなくなる面がある。

「静」の動きの対極にあるチャンバラ

その問題でみなさんはどうお思いになりますか。この間、中国少年団の武芸団が来ましたね。あれをご覧になってどういうふうに思われるか。形を練習すればああいうところまでいくんです。

つまり形というのは、向こうが打ってくるのに遅れないで合わさなきゃいかん。必ず、動作を合わさなきゃいかん。その場合にティーン・エージャーの十五、六歳の少年でも、基礎訓練としては体操選手と同じくらいのマット体操の柔軟性と体の微妙な動きの基本訓練をやっていると思うんです。ただ武道という立場で見ますと、日本の剣道の理合から見るとやはりあれはショーなんですね。そこはお分かりになるでしょ。

具体的に申しますと、あれは形だから、こっちから行ったらパッと受ける。こっちから来たらこう受ける。それを目にも止まらぬ速さで打ってくるんだ。パッ、パッ、パッと、これが上手く合う。向こうが突いてくる、こう下げる、下げるとこっちを下げる。これが非常に速いんです、槍で突いてくるのがね。あれは素晴らしい訓練だと思って、素人はびっくりするほど感心するんですよ。ところが武道というものは、日本の剣道というものは、実戦的に鍛錬したために動かないで受けるという方向にいっているんです。たとえば、剣道も空手も同じだと思うけど、こっちから来た場合にこう受ける、こっちに来た場合、こういう動作でなくて、これは実戦的じゃないから、実戦的には真ん中で受けるんです。だから剣道をご覧なさい。剣はいつでも真ん中において、動かないのが理想なんですよ。上手くなれば上手くなるほど、動から静にうつる。無駄のない動作になる。ところがショー的になると、チャンバラを見ても、なるべく上に下にチャンチャンバラバラとやるでしょ。そうでないと舞台芸術にならない。本当の剣道の試合になったら、どちらも動かないんです。動いたところにパッと、素人が見えないうちに一本入っている。それでは芝居にならない。そこで剣劇役者でも、マット体操や体操のなるべく柔軟で体がきくのを連れてきて、華々しくあっちに来たりこうしたりすると喝采を博するでしょ。

けれども本当の理合からいうと、私、満洲でよくああいうの見ていますからね。剣道の先生と討議したことがあるんです。やはりショーはショーだなと。日本の剣道との動作の違いは、日本の剣道はなるべく動かない。一たび動いたら、電光石火で動くわけですね。無駄を省くという行為から、だんだん練習して、素人から玄人になるほど「静」の方に入っていくわけです。ところがショーの方はそれでは見世物にならないから、なるべく動く。それから一刀流という言葉がどこから出たかというと、千変万化の剣は使うけれども最後は一刀という意味なんですね。一刀が機先を制すれば勝てるわけでしょ。機先を制したときの相手の心の動揺とか、相手の形の崩れを見て一刀に切り込めば勝てるわけですよ。でも、それではチャンバラにならない。チャンバラというものは形なんです。主役でない人はそこに何人いたって、決して本当に打ってこないから。こうしていれば済むわけでしょ。本当の武道を探求しないで形ばかりやっていると、自然に自分の自信が一方的にできてしまうんですよ。独善になる。それで私は植芝さんの方を見渡していると、剣道でも柔道でもいいんですけど、試合の苦労をやっている人が少ないんですね。

ここ一番の勝負で心を鍛える

試合の苦労が分からないんですよ。私は十《とお》から柔道をやって、合気道に入るまで柔道で五段になる

短刀乱取競技　正面当て《しょうめんあ》

画：佐藤忠之

まで、本当に試合の苦労をしてきたんです。私はあまり力がないほうなので、そういう苦労ね。形はもちろん認めるけど、どうも違うところがあるんですね。

そこで私は、試合で技をするには危険な技もありますから、全部はできませんけど、それは形で練習する。一方においては試合の苦労もする。武道はやはり試合の中で精神を鍛錬すべきだというのが私の考え。昔は勝ち負けが生きるか死ぬかの命がけの試合でした。それは現代では許されない。しかしほかのスポーツもそうだけど、ここ一番の勝負の中で心を鍛錬することができます。

しかし向こうでは私のことを批判して、スポーツ化すると精神的なものがなくなると言う。私は逆なんです。精神修養をどこでやるかと。すると今度は禅の問題が出てくる。この次には禅と武道の関係を、多少、私研究していますから、それをお話ししたいと思います。それは結局、昔の人は真剣勝負の場でどんな心がけと心的態度を持つかということ。宗教的なものも入ってくるでしょう。それが試合のないのが合気道だ、試合のないのが武道でいいんだというのは、私は反対なんです。

もちろん真剣勝負はいまの世の中、できませんよ。そういうふうにして鍛錬することはできない。できないけれども、危険でない方法で試合をさせるところに精神的なものがある。勝敗があるから。そういうのが私の基本的な考え方なんです。昔と違いますから、現代の武道は価値観が変わりましたから。たとえば体操にして健康法としてやることもいいです。剣道を剣舞にして、大いに詩吟をやったりね。剣舞をやることも健康につながるし、レクリエーションとしてももちろんいいんですよ。いろいろなやり方があると思います。みんな肯定します、私は。肯定するけれど、やはり武道としてほかの舞踊なんかと違う、独自のものは何かというと、ある部分でもいいから競技化して、若い間だけでいいから、厳しい精神と肉体の動きというものを体験させるのが武道の本質だと思うんです。お嬢さんたちを捕まえて、年寄りを捕まえて、私自身だっていつまでも試合をしなきゃいかんということはないです。年取ったら年取ったなりに続けなさいと。柔道の先生たちには、五十歳でいいから、私のやっている合気道でいいから、合気道だって柔道のうちなんだから、形の練習を続

けなさいと。そうすれば健康にもつながるし、生涯できるわけでしょ。体育的にはそうならなきゃいかんですよ。柔道と言えば若者たち、偉くなったら何にもやらず、こういうものつけて見ているんじゃ、意味ないというわけですよ。

新しい武道の在り方を模索する

そういう意味では、空手には単独練習もあるでしょ。気力の入った、客観化した板割りもある。それは非常にいいじゃないですか。むしろ空手のほうはそういうことで客観化しているんですね。それはそれで生かして、一面、対人競技であるならば、ボクシングのような、現代の新しい工夫をする必要があるんじゃないかというのが僕の意見です。中山君は止める方法でやったんですね。防具はとてもきかないっていうんだな。彼に言わせると。

『柔道』という雑誌に、嘉納《かのう》履正《りせい》*館長先生が巻頭言を毎号書いていらっしゃるんですね。今まで館長先生がおっしゃったことのないことも書いてある。「講道館柔道の内包するもの」とあります。ちょっと読んでみますか。要点をね。

いままで館長先生が柔道のご挨拶や講話をされる場合は、「柔道は単なるスポーツではない」ということを時々おっしゃるんですね。これは一般の先生方も言うことなんです。これを大きくしていけば、私は、空手でも剣道でも日本の武道は単なるスポーツではないと言いたいんだろうと思う。

スポーツをいまの体育学的に見ますと、身体運動によってある技術性を追求する。そうすると走る、跳ぶ、泳ぐ、格闘する。どれも一定のルールの中で技術を競うわけです。お互いが競うことによって研究し合って向上していく。体を動かして技術性を追求すること自体が健康にもつながります。一生懸命、記録を上げようとして根性、忍耐が養われる。それから一生懸命になって勝敗を競うけれども、それが友情の中の競い合いだから協力して自分の力が発揮できる。そして自分の力が分かる。相手の長所も分かる。お互いに励まし合って、手をつないでお互いが向上する。それが教育的に見ると、単なる普通の友情以上のものが湧いてくるわけですよ。それが今日の体育の教材としてのスポーツの意味です。

そういう観点に立てば、日本の武道だけは別であるとは言えないでしょう。対人競技の中でも格闘に属するものが武道なのであって、特別なものではないわけです。学問というのは普遍性を要求しますからね。普遍の中で特殊性を整理しているというのが学問一般の考え方です。そうすると、嘉納先生が「柔道は単なる競技ではない」とおっしゃるのが、何の意味かという問題が出てくるわけです。特殊性があるというわけです。その特殊性の中でも剣道と柔道とどう違うか、空手と少林寺拳法とはどう違うか、こういう問題を分析していかなきゃいかんわけですね。そういうことがはっきりしないから、現代では混乱が起きるんですよ。お互いの対立とか摩擦とか。

昔は秘密兵器で、いまの体育として武道を行うような考え方ではなかった。隣の藩と対立して戦争したら、ケンカしたらこっちは負けないぞと。護身術にはそういう実用的な意味が含まれていた。昔は実際に効果のないものは武道としては問題にならなかった。だから考え方が変わってきたわけですね。そういう観点に立って私は武道というものの在り方を考えているんです。

たとえば中国の太極拳の歴史を見ても、やはり実際的に生み出されたものがだんだん価値観が変わってきて健康的にやったり、グループ作りのためにやったりしています。考え方が変わってくるんです。太極拳を一つの心と心のつながりを保つ手段として採用すれば、お互いに健康にもなるし、いいことだというので集まってきて一つのグループができるでしょ。そういう場合の考え方は、実戦本位じゃないわけです。健康のための真向法とか何々健康法と同じような考え方。そういう考え方になりますと、剣舞は剣道の若干の形を真似して修飾してね、詩吟もただやるよりも体を動かして剣舞としてやると一層興味もあるしね。さらにもっとチャンバラのようにして一つの芸に組み立てて、表現を面白くして演劇化するということも可能です。そういうふうに考えますと、昔は戦争で役に立たないものは武道ではないと一つで締めくくったけれども、現代は価値観が多様ですからいろいろなグループが出て差し支えないということなんですね。そのために武道の在り方が今度は混乱してくるんです。武道とはなんぞやと。一本やりでスポーツと決めつける人と、単なるスポーツではないという人。自分は武道だと思っていてもいつの間にかチャンバラになっていたり。いろいろ変わっていくわけなんです。そこでこれからどうしたらいいかという問題が出てくる。

＊嘉納 履正
一九〇〇年（明治三十三年）～一九八六年（昭和六十一年）。第三代講道館館長を一九四六年（昭和二十一年）から一九八〇年（昭和五十五年）まで務める。嘉納治五郎の次男。

第六章

武道と宗教

植芝先生の「神人合気」は神道の教義

植芝先生は大本の神道の信仰家ですから、神道の教義は私も大本でやって、祝詞も覚えました。毎週説教があるんです。それも一生懸命、神道、勉強しましたよ。植芝先生の「神人合気《しんじんあいき》」という言葉はどこから出たかと言うと、これは神道の大本の教義なんです。谷口雅春の生長の家もＰＬ教団もみんな大本出身の人たちね。谷口雅春はお宮さんもお寺さんも作らないで、生長の家の本を買って読むことは御賽銭をあげてお経を聴くことだという新しい意見を出した。彼はインテリだから宗教を現代人に上手く取り入れられるように説いたというのが素晴らしいですね。あれも大本で修行したんですよ。大本の教義というのは、「神は万物普遍の霊にして人は天地経綸の主体なり、神人合一して茲《ここ》に無限の権力を発揮す」。神道は十三派もありますけど、みんな同じことを言っているんですよ。

仏教と儒教の影響を受けた武家社会

神道を理論的に解き明かしたのは儒教の影響が大きいですね。日本の神道というのは仏教が取り入れたんですね。シナには道教と儒教があって、儒教はもともと孔子が説いた道徳教なんですね。それが仏教が入ってきてから、仏教は宗教だから形而上学、つまり現象の上の我々の行動の上の深遠な哲理を問うわけです。そのために道教を取り入れ、仏教の影響で審議されて、儒教をもっと深くしなきゃいかんというので、宋時代になってから朱熹が、シナにもともとあった思想と上手く取り合わせて、非常に深いものにしたんです。それを江戸幕府が取り上げた。

江戸時代の一番の儒教の家元になった人は藤原惺窩《ふじわらせいか》*と林羅山《はやしらざん》*。これは家康のお気に入りでね。儒教そのものが仏教や道教の影響を受けていますし、だから日本の神道といっても内容を分析すると、文字もなかったですからね、みんな向こうの影響を受けているんですよ。結論的に申しますと、日本という国はおかしな国で、東洋にあるものを全部、江戸時代に吸収したということですね。明治からたかだか百年あまりで西洋のものを取り入れて、物質文化の面でも西洋に負けないだけのものを作りました。日本にはそういう特性がある、そういう背景を持っているということをまず申し上げたい。

やはり武道は宗教的なものが背景にあるわけです。それが特色だと思うんです。それをどういう風に考えたらいいのかというのが、これからの問題です。そこのことを考えないでただ現象に現れたテクニックだけでいけば、レスリングは裸でやるもの、柔道着を着てやれば柔道だというだけのことになっちゃうんです。そうでないものが日本のものにはあるということですね。

それは何かというと、武道に一番影響を与えるのは禅だと。単なる事実が起きてもその事実を背景として、何のためという、何のためが一つの心の問題であり、精神の問題であり「道」という名前がつくものなんです。技と道という関係で言うと、技というものは殺伐とした時代に生き抜くためのもので、身を守って自分の使命を果たすという立場で育ってきたものです。それがだんだん平和になって文化が進んでいろいろな人が出てくると、今度はその技を何のために使うんだという価値観が出てくる。そうすると、話が武道の本道に入りますけれど、武士という階級ができた。こういうことが理論的にも実際的にも技術的にも深められたのは江戸時代ですね。その滑り出しを行った人が柳生石舟斎です。

柳生石舟斎は関ヶ原以前に家康に接見して、家康に感心されて指南番になる。無刀取りの話がそこに出てくるんだ。家康の木刀を無手で奪ったわけですね。そのときにもう六十歳でしたか。自分はもうということで息子の柳生但馬守《やぎゅうたじまのかみ》＊を推薦して、それがたまたま三代将軍の子供のときから仕立てたものだから、徳川三代のご養育係になった。

＊藤原 惺窩
一五六一年（永禄四年）〜一六一九年（元和五年）。戦国時代から江戸時代初期の儒学者。初め相国寺で禅僧となり、後に朱子学を学ぶ。一五九〇年（天正十八年）に豊臣秀吉に命ぜられて、朝鮮からの使者と筆話した

ことをきっかけに儒学に転じたとされ、その後徳川家康に進講する。

＊林 羅山

一五八三年（天正十一年）〜一六五七年（明暦三年）。江戸時代初期の儒学者。初め建仁寺に入り、後に藤原惺窩に朱子学を学ぶ。一六〇七年（慶長十二年）に徳川家康に仕え、以後四代の将軍に仕えて、江戸幕府の様々な制度や儀礼などの制度作りにかかわる。

＊柳生 但馬守（柳生 宗矩・やぎゅう むねのり）

一五七一年（元亀二年）〜一六四六年（正保三年）。江戸時代初期の武将、大名、剣術家。徳川将軍家の兵法指南役として、柳生新陰流（江戸柳生）の地位を確立する。柳生石舟斎の子。

仏教（形而上学）から儒教（道徳）へ

江戸時代は平和になったけれども、侍がこれからどうあるべきかという一つの課題ができたんですよ。

いままでは戦場で強くて暴れ回っていれば出世できたし、家康が天下を取ると、徳川家を安泰に保つためにお国替えをしたり、政権を安泰させるために武士の階級、農業階級、工業階級、四階級にしてね。生産階級は農工商の階級でしょ。侍階級は生産には直接携わらないで治安を維持する。そうすると腕っぷしばかりではダメだから、教養を高めるために朱子学を取り入れた。ところがそのときに、仏教そのものを取り入れなきゃということがある。

ここで問題になったのは、やはり一つの道徳でないとダメでしょ。そうすると孔子は道徳を説いたんですね。儒教はいま毛沢東が騒いでいるけれども、儒教の中には社会秩序を現状に維持するという思想があるんですよ。毛沢東は共産主義で社会改革を行ったのは孔子の精神に反するわけです。そういうところに衝突の根本があると思う。

大体孔子は現状維持です。孔子の理想はよく治まった世の中を維持する堯舜《ぎょうしゅん》*の時代、こういう思想なんですよ。マスになるとだんだん悪くなるという考え方。革命思想は進化論の立場と同じだから、どんどん改革して進歩していくという考え方でしょ。徳川のお家安泰を考えたときは、現状維持がいいということになるわけです。それで儒教を採用した。

私がさっき触れました、藤原惺窩という人は偉い坊主だったんですね。仏教だったんですけど、仏教はあまりにも現実的なことよりも形而上的な我々の目に触れない奥の思想で、禅は、言葉で言い表せない、非常に難しいわけ。それで坊主でも実際に大勢を指導するには儒教の教えのほうがいい。「親に孝」と説く儒教に魅力を感じて勉強したんです。仏教から儒教のほうに入った。

その次に現れたのが林羅山。これが徳川の文部大臣というか、東京大学の総長のような人なんだな。この人が江戸幕府の文教政策の祖となって、ここに侍は学問、教養を積まなければならないとされた。馬に乗ることや弓を射ること、武芸七芸が必修科目、今の体育と同じようにね。七芸というのは剣術、柔術、槍術、弓術、馬術、鉄砲、それから兵法なんですよ。戦法ですね、戦争のやり方。これが七つの武芸なんです。文武の文のほうは儒教ですね。これが正式に認められた。各藩がこれを倣って、つまり福岡には修猷館《しゅうゆうかん》を作り、熊本、鹿児島……各藩の殿様が自分の藩の子弟を教授するために全国に藩校を作った。いまでも名前が残っているのはそういう意味ですね。

＊堯舜
中国古代の伝説上の二人の皇帝の堯と舜のこと。徳をもって理想的な仁政を行ったことで、後世の帝王の模範とされた。儒家により神聖視され、聖人と崇められる。

禅と武士道（鎌倉時代）

武道には背景的なものがあって、それは歴史的にみればやはり武士道だと思うんですね。武士道は侍の倫理でしょ。武士道の歴史をみれば、鎌倉時代、その前のこともあるけれど、具体的に武士の勃興したのは平安末期ですね。そして源平時代になり、源氏が勝って頼朝が一一九二年に、十二世紀の終わりに鎌倉に幕府を作る。それが一つの武士道の始まりとみてもいいわけですね。頼朝が平家の真似をしないで、鎌倉に団居して、主君に対して絶対に死を以って尽くすという質実剛健の気風を立てた。しかし源家はたった三代で滅ぶんだね。

それに代わって英明な執権が現れて、鎌倉幕府を握ったのが北条氏。北条氏の中でとくに有名なのは北条時頼と、その子供の時宗です。この親子が日本の歴史に残る仕事をしている。それはシナのほうで宋が滅びましたね。元に、蒙古に滅ぼされた。そのときに日本に仏教学者が流れて来るんだ。そして栄西などは向こうに習いに行って、帰ってきて禅宗をひらきました。一番最初に禅宗に飛びついたのが北条時頼、入道してね。有名な能に残っています。三十七歳で死にますけど、これが参禅して、非常に禅に凝るんです。そして善政をするわけです。北条泰時が初めかな、北条時頼はその後なんですね。とにかく、北条氏はえらいやつが出ている。そして善政をするんですよ。そこに仏教の背景があるんですね。非常に慈しみを施して。そうすると禅は、仏教もいろいろあるけれども、鎌倉時代に仏教が日本に伝わってきて日本化された仏教といえるわけです。

弘法大師と伝教大師のときは山岳仏教で、ちょっと高等的な貴族的な仏教なんです。それが庶民の間に浸透していったのが鎌倉時代なんです。仏教の歴史で申しますと、日本仏教という言葉を使っているんですね。仏教が本当に日本人の庶民の中に浸透した、それがまず禅宗から始まってね。それから日蓮宗、真宗。日蓮は他の仏教宗派の批判をして、真言亡国だとか律国賊だとか辻説法をしたらしいけどね。いろいろ分かれているけど、仏教の歴史からみますと、ぜんぶとにかく日本仏教です。ということは日本人の中に完全に染み込んだということなんです。その場合に、なぜ禅宗だけが、侍階

It may be considered strange that Zen has in any way been affiliated with the spirit of the military classes of Japan. Whatever form Buddhism takes in different countries where it flourishes, it is religion of compassion, and in its varied history it has never been found engaged in warlike activities . How is it then that Zen has come to activate the fighting spirit of the Japanese warrior?

なにかの関係でもよいが、禅が、日本の武門階級と交渉があったといえば、不思議に考えられるかもしれぬ。各国において仏教はいかなる形態をとって栄えたにせよ、それは慈悲の宗教であり、その歴史に変化はあったが、けっして好戦的な活動に従ったことはなかった。それでは、どうして禅が日本武士の戦闘精神をはげますことになったのだろうか。

鈴木大拙（2005年）『対訳 禅と日本文化』pp.60-61 北川桃雄訳 講談社

級にとくに浸透したかというと、やはり北条時頼と北条時宗の二人の力なんですね。

鈴木大拙先生の禅

そして今度は鈴木大拙先生。鈴木先生という人は、アメリカに行って英語でどんどん二十何巻の禅の本を書いて、世界的に禅を広めた人。禅が世界的にブームになったのは、鈴木先生の功績ですね。あの人は理論的に話をして、座談の間で浸透させた人だな。ほかのお寺のお坊さんのようにすぐ、座禅ばかりやらせないでね。哲学者としては西田《にしだ》幾多郎《きたろう》*さんです。鈴木先生と鎌倉で一緒に座禅していました。一方は哲学者で、禅の体系を理論的に西洋哲学の理論体系で表現して、初めて東洋の哲学者が出たと世界的に有名になった。それが明治の四十三年くらいなのかな。あの人は『善の研究』（一九一一年　弘道館）というのを出した。良し悪しの善ですね。私は学生時代にそれを読んだんです。西田哲学ね。ところが鈴木大拙先生はアメリカに長くいた関係で、禅そのものの学者なんです。あの人の著書はアメリカで非常に影響していますね。私、アメリカ旅行したけれど、至る所で鈴木先生の話が出てきました。

鈴木先生の本を一遍読まなきゃいかんというので、禅の勉強をしました。理論的には私には分かりやすいです。なぜ武士と禅が結びついたか。禅は自立的、自主的だということ、行動的だということを言っていますね。それが禅と特に武士が結びついたということ。

北条時宗は十八歳で執権職を継ぎました。そのときにシナで蒙古の兵隊に殺されるところだった坊さんが日本にやってきて北条時宗の師匠になった。有名な無学大師（無学《むがく》祖元《そげん》*）という禅宗の偉い坊さんです。それから間もなく元寇で蒙古が攻めて来た。若い時宗は、どうしたらいいかと師匠に聞いたんです。するとその人は、蒙古軍に泰然として「電光影裏、春風を斬る」と指導した。それで若い北条時宗は自分で決断を下した。鎌倉から動かないんですね。ただ決断したばかりでなく、非常に手を打っておったらしいんだな。徳があったんです。親から伝わった人徳が浸透していた。だから鎌倉でさあやるとなって、博多湾で敵を殲滅したということなんですよ。それで侍とくに結びついたんですね。

禅は本を読まなくてもいい。ただ、こうやって（座禅して）いればいい。だから、侍には入りやすいわけですよ。禅の一番の問題点とするところは、人間における、死と生の問題に対する探求ですね。仏教はすべてそうだと思います。その方法論として、黙って呼吸を整えて座って心を落ち着ければいいという。

＊西田 幾多郎
一八七〇年（明治三年）～一九四五年（昭和二十年）。哲学者（文学博士）、京都帝国大学教授。一九四〇年（昭和十五年）に文化勲章受章。京都学派の創始者で、西田哲学と呼ばれる。一九一一年（明治四十四年）に発表した『善の研究』は、旧制高等学校の生徒の代表的必読書とされた。鈴木大拙とは石川県専門学校（後の第四高等学校）以来の友人である。

＊無学大師（無学祖元）
一二二六年（嘉禄二年）～一二八六年（弘安九年）。南宋から渡来した鎌倉時代中期の臨済宗の僧。一二七九年（弘安二年）に北条時宗の招きで来日し、日本の禅宗に大きな影響を与えた。

「生と死」を儒教、仏教、道教ではどう捉えたか

皇太子の身分で生まれたお釈迦さんがなぜ、一城の主として生まれた人が妻子を捨てて二十九歳で婆羅門の修行に入り、とうとう菩提樹の下で悟りを開いて、なぜ修行したかという問題があります。

それは人間に生まれた以上、いつかは死ななきゃいけないですから、死の問題を我々が解決しないで、どんないい生活をしても安心できないじゃないかというのが、お釈迦さんの出発点なんです。そこで生老病死という四つの課題を出した。生とは何か、だんだん年取れば病気にもなる。病人と死の問題、老衰には勝つことができない姿を見て、そこに疑問を持って突進したということですね。

インドはそういう素晴らしい仏教を始めたお釈迦さんが生まれたにも関わらず、何か瞑想的なんですね。現実を無視して仏教の神秘的なところだけに酔ってしまうんです。行動的じゃない。

それが一世紀頃から仏教がだんだん中国のほうに入るんですね。中国は、私、中国に住んでいたけれど、非常に現実的なんです。儒教は、孔子様は、現実のお作法、親に孝行しなさいとか現実を教えるでしょ。だけど死の問題は別なんですよね。孔子は死の問題を聞かれたら「われ生を知らず、いわんや死をや」って逃げています。ご自分はあれだけの偉い人だから死を考えたんでしょうけども、教えとしては書いてないんです。ところが仏教が入ってきて死を問題にした。すると何か仏教の方が深いような気がするんですね。それで宋時代になって、シナの学者的な人が儒教を何とかしなきゃいかんと言って、禅やいろいろな影響を受けてもっと深いものを探さなきゃいかんというので、今度は老子の道教が入ってきた。老荘の思想は形而上の学問だから、むしろ孔子の決まりきったような礼儀作法を無視して自然なままで生きなさいという思想なんです。一種の反逆的な意見。孔子よりも少し後から出たかもしれないけれど、生年だってよく分からない、そういう思想なんです。

日本で混在した「空」と「無」

ところがだんだん儒教のほうから、老荘の思想を経て仏教を解釈するようになっていくんです。具体的に申しますと、お教では般若心経で「空」という字を使う。空の意味は分からないんですよ。「無」と言ったのは老子です。その老子の思想から仏教を解釈すると空の意味がよく分かってくる。そういうことがみんなごっちゃになって、日本に来たときには、無心とは空の心となった。たとえば宮本武蔵は空の心、地水火風空、五輪書の最後に空と言っています。空の心というのは仏教の言葉ですからね。

今度は沢庵禅師《たくあんぜんし》*の「禅」、一刀流を無刀流にした山岡鉄舟は「無」でしょ。講道館には、勝海舟《かつかいしゅう》*が明治二十七年に嘉納先生の技を見て感心して明くる日届けたという額があって、「無心にして自然の妙に入り、無為にして変化の神を窮む」というやつなんですよ。無心の無はどこから出たかというと、老子から出ているんですね。そういう具合に、儒教の中に奥行きをつけるためにみんな上手く組み合わせたのが、さっき話した徳川幕府が採用した朱熹の説なんです。

「無」を説明しますと、無は「道」ということと同じで、目に見えない、口で説明できないから、無という字を当てるということです。ここにコップがある、湯呑みがある、鉄瓶がある、人間がいる。みんな我々の五感で触れるものを生み出した奥に道があるという考え方なんですよ。それを別の言葉で「自然」という。自然や無や道というのは、目に見えないけれども現実にあるものを生み出す力を持っている。心の場合、無心とは何もないんです。ないけれども必要に応じれば、こっちにもこっちにも働く、そういう心。眠っている無じゃないんですね。我々が「ある」「ない」という相対的な「無」じゃないんです。無がすべてを生み出すという、それを別の言葉で言えば道という。

十二世紀の宋時代に朱熹はそれを「理」という字で表現した。理は気を生む。理から気になると、具体的にはあなたの中にも気が入っているし、虫やヘビの中にも気がある。森羅万象一切のものに、一つの気というものがある。気がにごっているものもあれば、ハツラツとして動いているものもある。そこに無生物と動物の違いが出てくる。一切のものを動かしているのが、気である。気はどこから出てくるかというと理、理論の理。老子に言わせると無、道と言ってもいい、そういうふうな解釈です。

「自然」という言葉は老荘の思想です。殊更に形を作ると厳粛化して本当のものがなくなってしまう。孔子の教えは非常に形を作るという生き方。それに対する一つのレジスタンス、反発が老荘の思想になったんです。

＊沢庵禅師（沢庵 宗彭・たくあん そうほう）

一五七三年（天正元年）～一六四六年（正保二年）。安土桃山時代から江戸時代前期にかけての臨済宗の僧。大徳寺住持。寛永年間（一六二四～一六四五年）に、柳生宗矩の求めに応じて、剣法（兵法）と禅法の一致（剣禅一致）について、『不動智神妙録（ふどうちしんみょうろく）』を著したとされる。

＊勝 海舟

一八二三年（文政六年）～一八九九年（明治三十二年）。幕末から明治時代初期の幕臣、政治家。従兄弟の男谷精一郎の高弟である島田虎之助に入門し、剣術と禅を学び、直心影流の免許皆伝となる。

「柔」は老子の思想

そこでまた元に返りますが、柔術という言葉がどこから出たか。「柔」というのは老子の思想から出ている。「柔よく剛を制す」という言葉は、老子の思想を受けたシナの兵書の中に六韜三略《りくとうさんりゃく》というものがあって、その三略の中に、柔よく剛を制する、柔らかいものでも運用の燿爍《ようしゃく》を得れば剛強の者に勝てるという思想があります。それが江戸時代の初期に「柔術」という言葉になった。そうすると具体的に、刀を持てば剣術、槍を持てば槍術、薙刀。ところが柔術は無手の技術、徒手空拳なんです。そこで一番柔術の技の原理に名前をつけたのが、「柔」という字。

歴史的に見れば、江戸以前、一番最初は鎧組打《よろいくみうち》。それから、腰ノ廻《こしのまわり》とか小具足《こぐそく》という名前。文献で一番古いのは、竹内流腰ノ廻というんです。腰ノ廻というのは小具足を着て、刀を捨てて取っ組み合いのようなものですね。そういう名前をつけたんです。

それが江戸時代になって、鎧を脱いでから捕手術《とりてじゅつ》やシナの拳法が入ってきて、拳法という名前が柔になった。私が持っている関口新心流《せきぐちしんしんりゅう》の内容は、表題には拳法とあるんです。シナ崇拝だからね。その後のアメリカやヨーロッパ崇拝と同じように、日本人はすぐ崇拝する癖があるんです。そして、舶来品だからといってみんなが歓迎する。拳法という名前ですが、内容を見ると組打ちの技ばかり。そういう風に変わっていった。

もちろん、歴史的には、これ（拳での打突）も入ったんでしょうが、沖縄では発達しても、内地の方では拳法そのものだけで一つのあれ（まとまったもの）になっているものはない。最も当身技を得意とした天神真楊流にもない。急所はどこと書いた伝書はあるけれど、どうして練習するかということは、沖縄の今の空手のようには、誰も伝えてはいない。それを僕は長年疑問に思っていた。ところが、むしろ手刀の使い方から古式の形にそれがある。それで僕がそれを言い出したわけです。

結びに代えて

嘉納先生がやり残した半分、もうひとつの柔道

　私の名前が名指しでここ（『柔道』昭和五十年三月号）に書いてある。いままでこれは何十年もない。初めてです。さっき言ったように明治十年代に嘉納師範が講道館を始めて、体育的であり武術的であり精神修養になるという三つの項目をあげていたわけです。そして、こういうことが書いてある。

「明治十年代に柔道を学んだ嘉納師範は、明治十五年に講道館を創設した。自分の体験からこれを普及することが、社会のために非常に価値あることと考え、武術の衰微した時代であったので、体育として日本のみならず、世界的にこれを普及することを考え、講道館柔道を最も普及しやすい近代的な形《かたち》に組織したわけである。大まかに言えば、柔道に内在する諸価値はそれぞれ評価したうえで、まず体育としてこれを普及することに着手した」。それがいま

の柔道だということだね。

「現在、柔道に類する格技として合気や空手があるが、これも嘉納師範が広い意味で柔道の一部門として考えていた。現在のように合気などが普及しない以前に師範が講道館の門弟を故植芝翁に入門させて合気を研究させ、また棒術のごときも当時の大家に入門させて、その研究に志した」。

それから僕の名前を言ってるんだ。

「富木謙治八段は、合気についても故植芝翁の直弟子で、その造詣が深いが合気が柔術の一派であることを早くから認め、合気の説明を講道館柔道の原理で説いて、立派な体系を作り上げていった」。

こういうことが書いてある。珍しいことだね。僕は、びっくりした。嘉納履正先生の考え方がだいぶ変わったのでね。「嘉納師範は下記のようなことを柔道訓話で語っている」。これは嘉納先生が書かれたたった一冊の本、『柔道教本』に書いてあるんですよ、おしまいの方にね。「ある柔術の修行者が覚えた技を試みたくてたまらないので、毎夜、ある寂しいところで人の来るのを待ち受けて、突然とらえて、いわゆる辻投げをして、自ら慰めていた。それを師匠が聞きこんで、ある夜、分からぬように頭巾をかぶってそこを通った。するとそこを師匠と知らず、いきなり例のとおり投げたと。師匠は投げられながら、用意してきた膏薬をその弟子の横腹に貼って、遠く離れて立ち上がり、弟子の方を見て言ったと。お前の横腹を見よ。弟子は横腹に膏薬の貼ってあったのに気づき、またそれが師匠であるを知り、恐縮してその後は再び辻投げに出なかったということである。師匠が投げられながら、膏薬を貼る暇があったということは、投げられながら当て身で殺すことができたということを示すつもりであったのである。これは当て身の効果を師範が高く評価して語っているとも言える。この嘉納師範の理想が現在どこまで達成されているかは別として、師範の考えていた柔道の大きさかららいえば、柔道が武道か体育かなどの論議はあまり問題とする必要でないと考える」。

初めてこういうことになった。画期的な巻頭言だね。

夢は全世界の柔道場で「合気道」も

私は結論として、これからの武道は試合のできる部分と、できない部分、たとえば座り技のときは、また一人に対して二、三人でやる場合の多敵に対する練習はもちろん試合では成り立たないですね。だから、形だけで練習する部分と両方持つということだと思います。それが特色になるんです。

レスリングともボクシングとも違う。その理論的根拠はどこにあるかというと、嘉納理論なんです。嘉納先生は単なる競技にしたくないんですね。嘉納先生はむしろオリンピックに参加することは、それほど積極的ではなかったんですよ。別に柔道だけの世界連盟を作るという考え方があるんですよ。どこにあるかというと、彼が精力善用、自他共栄をモットーにしていた理念。これは、私が学生時代の大正十一年に発表されました。技術のほうは明治二十年頃だけど、指導理念、教育理念は大正時代になってから。いま講道館の正面に額がかかっているでしょ、柔道の遺訓として。大正四年に書かれたものですが、それにはこうあるんです。

「柔道は心身の力を最も有効に使用する道である。その修行は、攻撃防禦の練習に由って身體精神を鍛錬修養し、斯道の神髄を體得する事である。さうして是に由って己を完成し世を補益するが、柔道修行の究竟の目的である」。

それを縮めて、精力善用ということをそれから五、六年経って、大正十一年に発表した。そうすると考えようによっては、スポーツはみんな心身の力を有効に使用しているわけです。何も、柔道は心身の力を有効に使用する道なりという、いまの考え方なら概念規定にならない。

定義にならないですよ。空手は空手で突くという目的に対して、精力善用しているしね。だから、おかしいんです。おかしいけれども、嘉納先生の考え方は空手であれ何であれ、どのスポーツでもそれを修練することを教育の立場で見れば、その間で得たものが社会のいろいろな職業について、いろいろな方面で生活の中に生かせる道だという意味なんですね。だから教育的な道だという意味なんですよ。私は大学時代に代表委員をしていますから、嘉納先生に接見する機会が多かったんです。講道館の二階の板の間で座らされていろんな話を聞きました。

そこで、私はそういったことを考えた結果、現代においては技術性によって分けるべきだと思う。柔道は二点二方向で投げる。一点の方向に投げれば、一点で投げられるんだから。相手よりも動きが速い方が押し倒せるでしょ。簡単な理屈で言えばね。だから空手のように、激しく衝撃を加えるというのも一つの生き方。刀は斬る。そうした視点で考えればどちらがいいとか悪いとかの問題ではないんです。実戦でどちらに効果があるかというのも、やってみなければ分からない。いまはそれがやれないんだから。だけれども良識がある人は、そういった話で分かるでしょう。そういうふうに分類しないとお互いに混乱が起きるわけなんですね。できるだけ、それぞれの位置づけというものが必要なんです。そういう解釈なんです、僕は。だから今時、流派だとかで対立することは愚の骨頂。良識のない証拠です。平和の時代だから、実戦の実力で比較するのは愚の骨頂なんです。剣道と柔道は別の分野。私は柔道と合気道は、歴史的にほとんど隣り合わせていると思っています。嘉納先生は近代化した。その思想と考え方を私は踏襲している。それから技術的に見た場合に、嘉納先生は半分残した、というのが僕の結論なんです。

畳が使える柔道場では合気道も当然やれるし、僕は世界の柔道場の全部に合気道を奨励したい。

口述録こぼれ話

座談会参加者の質問に、富木謙治が答えている様子のままお伝えします。

――植芝先生の当て身の分野はどういう形で現れたんですか。

富木　植芝先生自体が、当て身という言葉に対して曖昧なんです。植芝先生はとてつもないホラみたいなことを言う人で、大阪で演武会をやったときにね、「俺の手でやれば頭が三つに割れる」と。そうするとノコノコどこかのオヤジが出てきて、「俺の頭を三つに割ってくれ」と頭を出したっていうんだ。それでもうお開き。おかしいですね。

――植芝先生の演武を拝見すると、相手が手を出すというのは曖昧模糊としているんですね。当て身でもなし、つかみでもなし。とにかく決定的なところまでいかないから、分からないんですね。出してきたら、もう……。

富木　そんなに分析力のある人じゃないんですよ。それは仕方ないですよ、昔の柔術者だから。

――空手と同じで、合気道も先手なしなんですから、困りますね。

富木　いや、先手ということも、僕は格闘している以上は、護身術と考えればありますよ。現代の考え方で言えば、法律的には先に手を出したほうが悪いでしょ。そういう道徳的な意味では先手なしという解釈。だけど暴漢三人に襲われて逃げられないという場合は、先手を使わなきゃいかん。先手打って中央突破するとかね。殊に弱い人は先手で離脱しなきゃいかんでしょ。だから私は、技術的なことと道徳的な考え方とをごっちゃにした考え方だと思います。

固《かため》の形《かた》　片羽絞《かたはじめ》　1956 年（昭和 31 年）早大旧体育館　取：富木謙治講道館七段（当時）・受：結城源介講道館四段（当時）
富木謙治は 1951 年（昭和 26 年）から 1955 年（昭和 30 年）まで早大柔道部師範を務めた。

富木　先手は得ですよ。たとえば剣道では面、胴、小手、突きと四つ攻めるところがある。こちらが主導権を取れば、必ず相手は追い込まれます。先手争いですよ。競技としてやる以上。

そこで今度は柔道論になりますが、これは合気道にも当てはまるという意味です。私は対人格闘というのは、攻撃と防御と分析しています。攻撃と防御はほとんど一緒ですよ。一緒だけれども理論的には分析できます。分析して練習したほうがより上達が早いし、本筋を忘れないと僕は考える。と申しますのは、いまの柔道は重い子供ばかり育てて選手を養成していますが、それは柔という本質を忘れたと私は解釈する。

具体的に言うと、私が子供のときに習った柔道といまの基本訓練がだいぶ変わってきている。まず、崩しをやらなきゃならない。崩しというのは腕のツッパリ合いじゃないんです。体の動きなんです。合気道では離して、向こうが突いてきたときにかわすことから始めるでしょ。これから始めて、この理論で今度は組んでみれば、向こうが腰投げをかけてくる間に、こっちがこう体を移動できる。向こうはかけてきた技がきかないでしょ。ところがいまの柔道の練習は、向こうからかけてきたものを、うんっ、うんっと突っ張ったり腰を下げたりして、動かないことで防ぐのを基本動作としている。それに僕は反対。蹴ってきたときにパッとかわす、右、左にかわせば内股かけてきたときに、接近してきたときは非常に難しいけど、反射的に向こうの内股が届く前にパッとこうすればかからないですよ。そういう反射神経の練習がないんだ、いまの柔道では。ただ、うんっ、うんっと。そうすると重い子供を教えたほうが早く上達するという錯覚になる。それで柔道のイメージが重量級になる。だから、まず防御に徹しなさいと。練習法として。向こうの攻撃力を無効にするには体の移動。移動している間に、今度は手を作用させて崩してかけるということ。

――高校で柔道をやっているとき、襟を中からつかんで最終的に組まなきゃいけなくて適当にやっていました。それこそ、柔道でも襟を持たなくても良いくらいなんでしょうか。

富木　組んだ場合に手に力を入れると足が動かない。腕を突っ張るということが相手を封じるのではないんです。僕が腕を一生懸命持たせて、すっとこっちに移動するとひっくり返る。それで腕力じゃないということが分かる。ところが足を止めて腕力をうんと練習する。それはボディビルの修練が災いしていると思うな。ボディビルは動かないでしょ。動かないで、こればかりを強くしている。相手のバランスを崩しておいて技をかけるのが柔道ですが、近頃は足技がないでしょ。自分が動いているから相手がバランスを崩すんです。寝技にしても、座り技が基本だと思う。僕は膝行なんかをうんとやるといいと思う。小田《おだ》常胤《つねたね》(じょういん)＊という人は横にならないでしょ。こうやって押さえるだけ。座り技が基本なんだな。相手を抑える場合に、ここに力を入れるのは自分が姿勢正して十字にかければいいでしょ。相手の寝ているところに入っていく場合、膝をころしたり、みんな座り技でいかないといけない。そういう基本が崩れている。

＊小田 常胤
一八九二年（明治二十五年）～一九五五年（昭和三十年）。講道館九段。所謂高専柔道での指導などで、常胤流寝技として世に知られ、元祖寝技の鬼とも称される。

資料

富木謙治 年譜

明治三三年（1900）　三月十五日、秋田県仙北郡角館町に、富木庄助・タツの長男として生まれる。

三九年　角館小学校入学。六歳頃から木刀で素振りを始め、十歳になる頃に町の柔道場に入門する。父庄助は大事な長男を角館から出すことを全く考えず、中学校進学には反対だったので、そのまま高等小学校に進級したが、伯父・平福百穂《ひらふくひゃくすい》＊画伯の説得で横手の中学校に進学することになった。

大正二年　県立横手中学校入学。柔道部で活躍し、卒業時には学力優等賞と体育賞の二つを受賞。

八年　十一月、柔道初段。しかし、卒業後病気のため三年半の療養生活。この際の伯父・平福百穂画伯の激励、支援は有名。

一一年　早稲田大学予科に入学。柔道部に入部。

一三年　同大政治経済学部に入学。早大柔道部黄金時代に、華麗な柔道で名声を博す。東京柔道学生連盟の幹事として講道館・嘉納治五郎師範の謦咳に接し、多大な影響を受ける。

一五年　秋、知人の紹介で大東流合気柔術の植芝盛平翁と出会い、その技に魅せられ入門。

昭和　二年　早稲田大学大学院に進学。

三年　一月の講道館鏡開きのとき五段に昇段。

四年　宮城県電気局就職。同県代表柔道府県選士として史上初の天覧武道大会に出場。

六年　郷里の県立角館中学校に赴任。その生涯を富木の求めた理想の武道の実現に尽力した大庭（旧姓戸沢）英雄（当時柔道助教、後の第二代日本合気道協会会長）と出会う。

昭和　九年　退職後、上京、植芝翁宅の近所に居住して翁の膝元で「合気武術修行」に励む。

一一年　満洲国（現中国東北部）に渡り、大同学院（嘱託）、関東軍、宮内府等で、「合気武道」を指導。

一三年　「満洲国」建国大学助教授。合気武道を正課として指導、また武学を講義。

一五年（1940）　植芝翁から合気道界初の八段を許される。以後、この武道の近代化研究を本格的に開始。この年から十九年頃まで毎年夏に講道館の「離隔体勢の技の研究委員会」で当時の高段者に講習。第一人者として注目される。

一六年　暮れに建国大学教授。「柔道に於ける離隔体勢の技の体系的研究」「日本武道の美と力」等の論文を執筆。

二〇年　応召。敗戦後、ソ連のシベリア・バルハシ湖畔に抑留される。この間も将来の武道構想を練る。

二三年　晩秋帰国。翌年より早大体育部（局）非常勤講師。講道館の常任幹事も務め、東京学生柔道連盟再興に尽力。
二六年　早大専任講師、柔道部師範。
二七年　講道館創立七十年記念「講道館護身術」制定委員。
二八年　柔道使節団員として小谷澄之、大滝忠夫らと共に全米十五余州の空軍を指導。
二九年　早稲田大学教授。同体育局教務主任、『柔道体操 ―柔道原理による合気の技の練習法―』（稲門堂）刊行。
三一年　英文『柔道（付合気道）JUDO APPENDIX：AIKIDO』（日本交通公社、後に『柔道と合気道』と改題、三十五年には仏文出版）刊行。これによって西洋に合気道が広く知られるようになった。
三三年　早大合気道部創部、初代部長就任。『合気道入門』（ベースボールマガジン社）刊行。この頃より合気道競技の研究進む。
三六年　合気道競技ほぼ確立。
三九年　文部省高等学校体育科教員資格検定委員。『新合気道テキスト』（稲門堂）刊行。
四五年　早大退職。『体育と武道』（早大出版部）刊行。この年第一回全日本学生合気道競技大会開催。同連盟会長就任。合気道競技が本格的に行われる。

四六年　柔道八段に昇段。
四九年　日本合気道協会発足、会長に就任。
五〇年　日本武道学会副会長に就任。
五一年　日本合気道協会中央道場・昭道館、大阪に設立。館長に就任。
五二年　春、豪州合気道協会の招きで渡豪。
五四年（1979）　十二月二十五日、死去。享年七十九歳。

（参考『武道論』富木謙治・著　志々田文明・解題）

＊平福 百穂

一八七七年（明治十年）～一九三三年（昭和八年）。本名貞蔵。日本画家、歌人。日本画家・平福穂庵の四男として秋田県仙北郡角館町に生まれる。父から四條派の基礎を学び、父の死後、一八九四年（明治二十七年）に上京し、川端玉章の内弟子になる。一八九九年（明治三十二年）東京美術学校を卒業。代表作に一九一七年（大正六年）第十一回文展特選の「豫譲」がある。一九三〇年（昭和五年）帝国美術院会員、一九三二年（昭和七年）東京美術学校教授。アララギ派の歌人としても知られ、歌集「寒竹」がある。富木謙治の母方の伯父。謙治は百穂を人生の師と仰ぎ、終生思慕敬愛した。謙治の向学心は初め父親に理解されなかったが、百穂が熱心に義弟を説得したことで中学校から大学進学へと道が開かれた。上京した謙治は百穂の許で文武に励む傍ら書画の手ほどきを受ける。この嗜みは謙治の生涯に潤いと奥行きを与えた。

富木謙治 論文

『柔道と禅』

富木謙治が一九七五年九月「日本体育学会」で発表した論文です。

1 まえがき

日本武術を代表するものは剣術と柔術とである。剣の勝敗は生死を分かつ。生死を超えるために禅によって「無心」を悟った。さらに生命の尊厳にふれて不殺の剣を理想とした。この理想を無手の「わざ」で探究したのが柔術である。

柔術は「斬らず斬られず、殴らず殴られず」に「倒し」て「抑え」ることを中心技術とした。柔術を近代化した柔道は、その原理を「自然本体」においた。「自然本体」は、すなわち「無構え」である。心身一如の修行を理想とする柔道は「無構え」を通して「無心」を学ばなければならない。

この小論は、以上のことを歴史的術理的に明らかにするためにまとめたものである。

無心にして自然の妙に入り
無為にして変化の神を窮む
明治二十七年五月二十日講道館下富坂道場落成式に臨んだ
勝海舟から嘉納師範に贈られた扁額（原文は漢字）

2 禅文化としての柔術

人間は知的動物である。理想をもち、夢を追って生活する。それが科学を進め、文化を生んだ。文化生活は人間の欲求を多様化して、それを充たす。だが、その最終最強の欲求は生命への欲求であって、死の恐怖と生の不安としてあらわれる。これに根本的な安心と解決を与えるものは、科学ではなくて宗教である。禅はインドに生まれ、中国で育ち、日本で開花した。剣術や柔術などの武芸、絵画彫刻、工芸などの美術、能、歌舞伎などの芸能、また、俳句、短歌などの文学、さらに茶の湯、造園、建築などに至るまで、すべての中にその思想が浸透した。

◇　◇

禅の特色は、生死を超えた立場に立って、生きるときは立派に生き、死ぬときは立派に死ぬという態度を養う。宗教は有限の人間が無限の神に帰一することによって安心をえる。その宗教には多くの神を立てる多神教と、一つの神を立てる一神教がある。禅は特別に神を立てない無神教的立場に属する。すなわち、究極のよりどころを、自己をみつめて、その根源に開けてくる「真実の自己」を見ようとする。自分の努力と修行によって安心に到達する自力主義である。このことが、鎌倉時代の武士に迎えられ、室町時代に大いに発展し、江戸時代に至って、庶民の間にまでも浸透した理由である。

◇ ◇

禅には「超仏超祖」という語がある。「仏にあえば仏を殺し、祖にあえば祖を殺す」ともいう。宗教のうちには、教祖を批判して新しい発展を企画することを、はばむ偏狭と固陋《ころう》とがあった。科学者ガリレイ（一五六四〜一六四二年）やダーウィン（一八〇九〜一八八二年）に反対したカソリック教会のように、科学との衝突を起した例がある。だが、禅は科学をも包容する広い立場をとる。禅は究極のよりどころを限定のない「無」「空」「無相の自己」（形のない自分）に求めるからである。さらに、禅の特質はその行法として、からだを整え、気をしずめ、心を正すことによって、己をみがくことである。この心身を整えることの意義は、たとえ究極の悟境に到達しなくても、それなりの修行によって、現代の求める心身の調和と健康の保持増進とに大いに役立つ。禅が今日世界の人々に求められてきた理由には、こうした宗教や科学をも入れながら、大きく人類の平和と幸福とに寄与するからである。

◇　◇

江戸時代の初期、禅僧沢庵《たくあん》が、柳生宗矩《むねのり》に送った書簡に『不動智神明録』がある。仏法と剣法との極意が一つであることを説き、「無心」すなわち「無意識の意識」に到達することが修行であるとした。そして、これをさまたげるものが「止まる」心であるから「不動智」を学べと教えた。曰く、「不動とは、動かずという文字にて候。智は智恵の智にて候。不動と申し候ても、石か木かのやうに無性なる義理にてはなく候。向ふへも、左へも、右へも、十方八方へ、心は動きたきやうに動きながら、卒度《そつど》も止らぬ心を不動智と申し候」

また、「心の置所」について詳述する。眼をおくところに心が止まる。したがって眼は心の窓である。白刃を交えて対決する剣道では、「心」の修行の核心を「目付」と「間合」においたゆえんである。

◇　◇

ところが、柔道は無手をもって対決し、相手を「倒し」て、「抑え」る。弱力のものが剛強のものを制するためのはたらきは「自然体」の運用による。「自然体」は攻防自在のはたらきであって、防御の立場では「柔の理」によって相手の力を無効にし、攻撃の立場では相手の姿勢のバランスを「崩し」て勝機をつくる。「自然体」は、刀にもたよらない、構えにもこだわらない「無手」「無構え」の姿勢である。立にあっては「正立」、坐にあっては「正坐」である。「心」の崩れは「体」にあらわれ、

「体」の崩れは心に作用する。相手の力にさからわないで正しい姿勢をたもつことが「柔の理」の実践であって、柔道修行の核心である。

剣道修行の核心を「目付」「間合」におくならば、柔道修行の核心は「自然体」の運用による「つくり」と「かけ」にある。前者が主として視覚の修練をとおして「無心」の悟りに至るならば、後者は触覚の修練をとおして「無心」の境地に至ろうとする。

有限の人間は感覚的自己を修練によって鈍化し克服して、無限絶対を行じなければならない。日本武道は、厳しい闘争と対立の中で、古人の英知が生みだした尊い鍛錬道である。

◇　◇

剣術の極意に「皮を斬らして肉を斬り、肉を斬らして骨を斬る」という語がある。術理を極め尽くして、その勝敗の分かれるところが「相討ち」すなわち、捨身の「わざ」にあることを訓えている。そして、次の歌がある。

振りかざす太刀の下こそ地獄なれ
一と足すすめ先は極楽（宮本武蔵）

またいっぽう、両刃を交えて対峙するとき、相手の剣先が我に届くか届かないかを見きわめるために「一寸のみきり」「五分のみきり」という語がある。剣の術理において「目付」「間合」の厳しいことを訓えている。

これらの遺訓によって、剣の修行には肉弾相討つ体あたり戦法の半面、対峙する相手の剣先を触れさせないために、距離と位置とのとりかたに、細かい心をくばったことを知る。

起倒流柔術の伝書「天の巻」に「起倒ハヲキタヲルト訓ス。起ルハ陽ノ形チ、倒ルハ陰ノ形チ也。陽ニシテ勝チ、陰ニシテ勝チ、弱ニシテ強ヲ制シ、柔ニシテ剛ヲ制ス。我力ヲ捨テ敵ノ力ヲ以テ勝ツ」とある。柔術もまた、己を捨てて死中に活を得る「体あたり」に極意がある。そしてこの術理が豪快な投技となり、捨身技となる。だが、いっぽう「人の巻」に示された「形」によれば、対峙する相手に触れさせないで施す「水流」や「錣取《しころどり》」のような軽妙な「わざ」もある。

武術の「わざ」の変化妙用は、まことに体験するもののみに理解される不立文字の文化である。

3 柔術から柔道へ

日本歴史の中で武士階級が起り、社会の支配権を握り、その支配権をめぐって争うようになったのは、十二世紀の中頃であった。爾来七〇〇年間、明治時代に至るまで、武士階級が支配力をもっていた。いわゆる封建時代である。日本の武術は、この長い年月の間に、武士が体験し工夫して生みだしたものである。

武術には多くの種類があったが、武器を代表するものは剣術、無手を代表するものは柔術である。剣術の原理は「相手の剣を触れさせないで、自分の剣で斬突すること」である。柔術の原理は「弱いものが強いものに倒されないようにして自分が倒すこと」である。この二つの原理が、いろいろに組みあわされて、「わざ」が複雑になり、また、格闘の形態も多様となり、武術の種類も多く分かれた。剣術の記録されているもの七一八流、柔術一七九流にも及んだ。

古い武術は、それぞれの流祖の主観的工夫と個人的体験で「わざ」を発明し、秘技として閉鎖的にあつかった。そして、「実戦の場」以外には、その実力をためすことができなかった。このことが多くの流派を生んだ理由である。

武術の「わざ」は、無限定の暴力を制御するために工夫されたものであったが、その「わざ」の性格を大別すれば三つに分けられる。

① 暴力者を殺すことによって制御する。

② 暴力者に傷をおわせて制御する。

③ 暴力者を殺傷しないで制御する。

◇　◇

古い武術の歴史をみれば、武士の戦場の格闘方法は剣術と柔術が中心であったが、一七世紀の初め、徳川氏が政権をとり戦乱がおさまってから、その内容と性格が大いに変わった。剣術は素肌剣術に、柔術は「鎧組打ち」から「平服組打ち」になった。つまり平和時代を迎えて日常の護身武術的性格に変わったのである。そして、「わざ」の裏づけとしての宗教的道徳的思想も深められて、教養武道としての意義が強調された。

この時代の教養高い剣術の指導者は、剣術は殺傷を目的とする技術であるにもかかわらず、その極意はむしろ殺傷を否定するということを述べている。徳川将軍の師範であった柳生流の極意は「無刀」であった。また、これと並ぶ当時の最高の剣術家であった伊藤一刀斎の如きも晩年は剣を捨てたのであった。このような事実は、剣術の背後に宗教的影響の大きいことを物語っている。

殺傷の技術を鍛錬工夫するものは、裏をかえせば、死と生とについての探究である。人間の心は死と生とのどたんばで最も動揺する。武術の「勝負の場」の心の葛藤を整えるために神仏の信仰を求め、とくに禅に参入した。このことが、技術的には、暴力のみを制御して殺傷を否定する思想を生み、それが柔術の「わざ」の発達をうながしたものとみられる。天神真楊流柔術は、今日の講道館柔道の源流であるが、これを遠くさかのぼれば楊心流柔術に至る。楊心流柔術の「覚悟の巻」に「剣・槍の術には殺があるが、わが術には殺なし」と述べている。

古流武術の流祖は、その多くは、実戦における「勝負の場」の体験をとおして「わざ」をためし、「こころ」を練り、極意を悟った人々であった。だが、時代はうつり、昔のような乱暴な練習法は否定される。明治初年、嘉納治五郎師範は、新時代の教育観に立ち、古流柔術の流派的対立を超えて「わざ」と格闘形体とを分類整理して、新しい練習体系を編成した。ことに、練習にともなう殺伐性を排除し、体育的意義を強調しながら、しかも、古流柔術の精神面と技術面とを、次の二つの練習法によって生かしたのである。

◇　◇

①「乱取」の練習法

②「形」の練習法

①の練習法は、昔の柔術の「実践の場」の修行を現代の「競技の場」にうつすことによって、勝負を超える心の修行に重きをおいた。競技は自分の力の真実を客観化することができる。それによってお互いの反省、励ましによる研鑽ができる。

②の練習法は、①の練習法に盛り込むことのできない格闘形体と「わざ」の種類を「形」の練習法によって練習する。もともと古流柔術は、無限定の相手の攻撃に対処するために工夫されたもので、多角的な「体さばき」と「わざ」の変化とをもっている。そこから工夫された「無構え」のはたら

きであり、また、心の用意としての「無心」の悟りであった。これを競技化して「組む」という格闘形体に限定するとき、「投技」「固技」による「勝負の場」の心の葛藤に打ち克つ修練はできるがその反面、融通無碍《ゆうずうむげ》の「わざ」のはたらき、とくに「当身技」や「関節技」のはたらきをおろそかにして、「無構え」のはたらきの半面を忘れさせる。

嘉納師範の帰納した「柔道原理」は、古流柔術の「無構え」や「無心」のはたらきを、新しい教育体系の基本として編成したものである。この原理に立って、「乱取」と「形」の二つの練習法を制定した。「形」の練習は、対人格闘の技術の練習法としては未完結のものである。それは一方的主動の練習であるから、双方の主動権を競うむずかしい半面の修練を欠いているからである。ことに勝負にともなう精神面の厳しい修練ができない。だが、以上の二つの練習法を併立させることによって、その長短を補うことができる。古い柔術を近代化した柔道の独自性は、この二つの練習法をもつからである。以上のことを図解して示せば次のようになる。

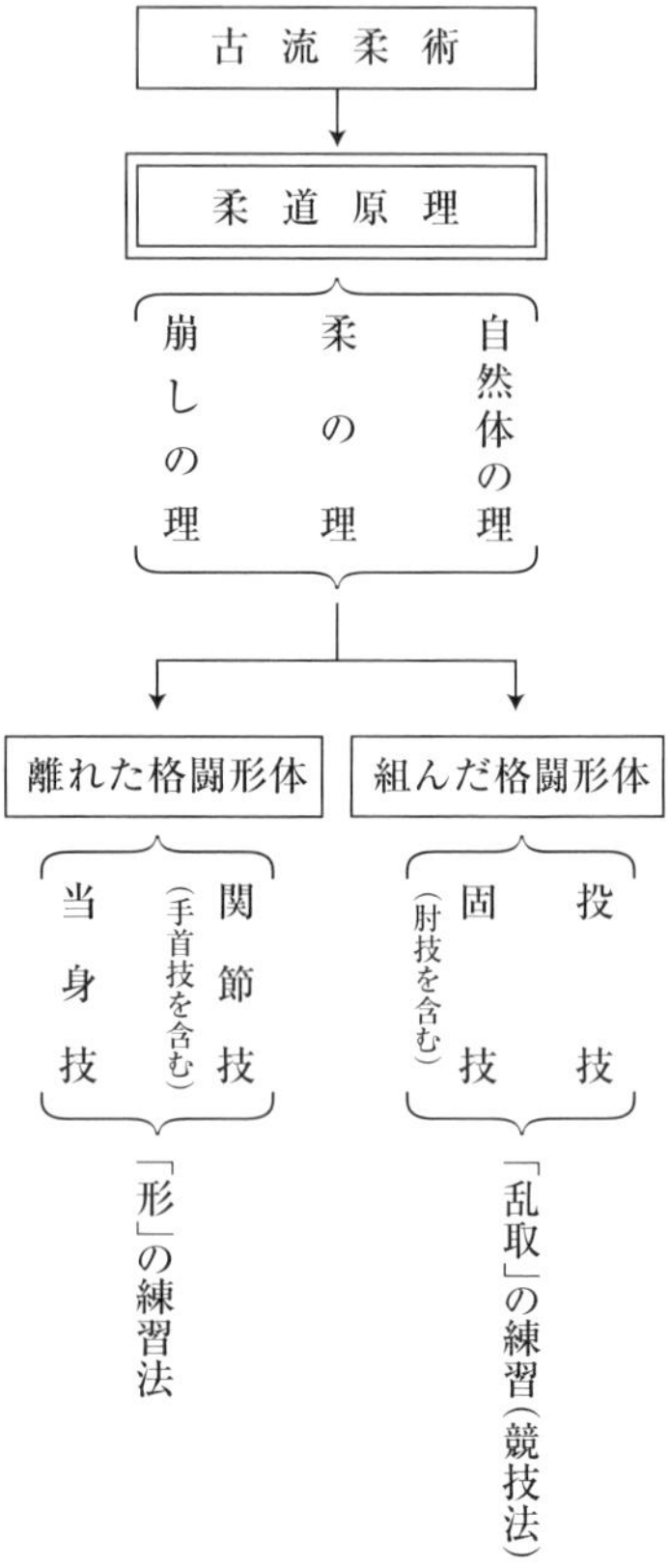

柔術から柔道へ

4「柔道原理」とは何か

すべての技術には、その技術を動かしている基本となる道理がある。昔の武術にはこのような説明はされなかった。むしろ武術には解説はいらない。もっぱら体験だけで、各人の悟りでおぼえなければいけないといわれた。だが、講道館柔道を創めた嘉納治五郎師範は、明治初年、このような古い考え方を破って、「わざ」についての科学的分類と分析とをなした。古い流派柔術の閉鎖性にとらわれないで、各流の「わざ」から帰納した共通の原理をまとめた。そして、この原理を指針として、それぞれの「わざ」を理解し、練習上に役立てるようにした。いわゆる日本武道の近代化の道を開いたのである。

いうまでもなく、原理は理論であって、知的理解の対象であるから、その理論にもとづいた身体練習が必要である。それが基本練習である。「わざ」の上達をのぞむならば、基本練習のだいじなことをよく理解しなければならない。

さて、「柔道原理」は三つに分説される。

(1) 自然体の理 ― 攻防自在の姿勢のとり方 ―

相手の攻撃に応ずるため、また、これに反撃するためにも、心の用意と身体の備えが必要である。これは攻撃防御のための準備姿勢であって、いわゆる「構え」という。

日常生活の護身術として生まれた無手の柔術は、そのたてまえは、いつ、どこで、どんな方法で攻撃されても、それに即応しなければならない。したがって、特別のかたちをとる「構え」の姿勢はない。これを「無構え」という。

「無構え」は、とくに足をふんばったり、手をあげたり、突っぱったりして、固くなることではない。柔らかい自然のままの姿勢である。すなわち「自然体」である。

「無構え」は、相手の出方に応じて、間髪を入れず、すぐに、防御にも、攻撃にも、油断のない、しかも、自由なはたらきをもっている。だからその意味では、「構え」があるのであって、「構え」が無いとは、かたちのうえのことである。そこで昔から、「構え有って構え無し」といわれてきた。「構え」について、このように考えてくると、次に、われわれの日常生活の姿勢のことについてもふれなければならない。

日常生活には、立った場合、坐った場合がある。どちらの場合も、すぐに行動を起すためには、体の重心を安定させた正しい姿勢を保っていなければならない。すなわち、「正立」（自然本体）、または「正坐」が基本の姿勢となる。そして、「正坐」から「正立」へ、「正立」から「正坐」へうつる動作の途中でも、姿勢を崩してはならない。

このように、姿勢を正して行動するならば、武道の動作と礼儀作法の動作とその基本が一致する。そこで昔から「礼は即ち構えなり」とか、「礼に始まり礼に終わる」のが武道であるといわれてきた。

さらにこのことは、静かに坐っているときも、立って動いているときも、姿勢そのものが崩れないから、これを禅の言葉で「動静一如」というのである。

また、このことを精神面の解釈として、心の姿勢をも崩してはならないと教えた。つまり、どんな場合でも、驚いたり、恐れたり、迷ったり、あわてたりして、心の節度を失ってはならないことを禅語では「平常心是道《びょうじょうしんこれどう》」といった。沢庵禅師《ぜんじ》の「不動心」の教えも、ここにあったのである。

武道の修行は、心とともに身体的技術的修練を要する。「心身一如」の修練でなければならない。禅の心法として教えられる「静中の動」「動中の静」の如きも「自然体」のはたらきとして身近のこととして理解される。

人間は外界の物理的刺激をうけたとき、これを知って、すぐに行動を起すためには、五感のはたらきにたよらなければならない。武術の極意として、昔から「先」の極意が探究された。

相手が刀で打ち込んできたとき、その刀が自分に触れる以前に行動を起さなければならない。また、組み打ちの場合、十の力をもつ相手でも、初めに一か二の力を出した瞬間に、自分は三の力を集中して、早くこれに対処すれば勝てるのである。すなわち、「先」をとることが勝つことである。「先」をとるためには、五感のはたらきを鋭敏に磨き澄ましておく必要がある。五感のうちでも、斬突に備えるためには視覚の修練に中心がおかれ、組んで相手のバランスを崩して倒すためには、触覚の修練が中心となる。このことが剣道において目付、間合のことがとくに探究され、柔道において崩しを中心とする「つくり」と「かけ」のことが究明されてきた理由である。柔道の「わざ」の中でも、投技は組んでからの練習に重きをおくが、斬突に備えるために工夫された「当身技」や「関節技」は剣道の目付、間合を無視しては「わざ」を生かすことができない。

古人は武道の修行にあたって、腕力を練るよりも、まず心を練ることを教えた。そして、柔らかい力《りき》まない稽古が上達のみちであるといった理由には、これらの感覚器官の鋭敏なはたらきを修練しなければならないことを意味している。五感のはたらきは修練すれば、五感を超越した第六感のはたらきに到達することもできる。したがって、姿勢を正し、心を落ちつけることが「構え」の核心である。「自然体」にはこうした意義がある。

姿勢を正して動作をすることは、「構え」の条件にかなうばかりでなく、人間としての主体性を確立し、人間としての品位を保つことになる。

嘉納師範は、柔道の練習によって体験されるこの無駄のない一進一退が、ひとり格闘や作法の動作としてだけではなく、ひろく人間生活のすべてに応用すべきものと考えた。「精力善用、自他共栄」の教育理念をかかげて、自己完成のみちを明らかにするとともに「柔道即生活」の理想を説いた。古い禅文化としての柔術を、新しい教育の道として生かしたのである。このことは、「自然体」についての深い意義を理解し、そして体験することによって味得される。

(2) 柔の理 ―相手の攻撃力を無効にする―

「柔の理」とは、防御の立場から「不敗の理」を究明したものである。相手のどんな攻撃に出合っても、その攻撃力を無効にする柔軟な体の運用をいう。柔道の「わざ」には、相手の攻撃から自分を護ることと、さらにすすんで、相手を攻撃することの両面がある。「柔の理」は、前者の場合についての原理をいう。

およそ武術には、たくさんの種類があり、剣術、槍術のように、その使用する武器によって呼ばれるものが多い。だが、柔術は無手をたてまえとする武術だから「わざ」の原理をいいあらわす語を用いたのである。江戸時代まで、いろいろの呼びかたがあったが、柔術がその代表的呼び名になった。

「柔」とは、相手の力に無理にさからわないで、それに順応する意味である。たとえば、相手が自分を押し、または、引いたとする。このとき、その力にさからわないで。柔らかに順応することは、相手の力に屈することではなくて、自分の主体性を持ちながら、相手の攻撃力を無効にすることである。

相手の力に順応するためには、相手の心の動きをすばやく察知して、その行動する方向に自分の動きを合せなければならない。相手の動きは、早かったり、おそかったり、また、前後左右に複雑な動きをするから、これに合せることは熟練を要する。

相手の行動をすばやく知るためには、まず、相手をよく見ることがだいじである。接近して、組みつかれたときも、相手の動きを敏感に知って、それに順応しなければならない。

次に、相手の動きに、すばやく順応して動くためには、「運足」の熟練によって、はじめて、自分の姿勢を安定させることができる。安定した姿勢を保つことができれば、動きながらでも、手のはたらきができて、いろいろの「わざ」が使える。

つまり、前節で説いた「自然体の理」をまもりながら、相手の動きに順応することが、相手の攻撃力を無効にすることである。

以上のことを、昔から武道の基本として伝えられている語に、「一眼二足三胆四力」がある。

柔術は総合武術的性格をもつといわれる。自分が無手でも、相手の方は、いろいろの武器をもって攻める。ときには、自分も武器をもつ。前に述べた「当身技」や「関節技」の特色には、「柔道原理」の中に「剣道原理」が吸収消化されて生まれた「わざ」であるから、「組みついて」からの「わざ」ばかりでなく、「離れて」打、突、蹴や武器の斬突を防御する「わざ」がある。

そこで、「一眼二足三胆四力」の語を味わうとき、「柔の理」を具体的に生かすためにつくられた最善の方法であることを知る。

一眼とは、目のはたらきが第一に大切であることを教える。目によって相手の動作を知る。その攻撃が届くか届かないかの距離と位置、すなわち「間合」をはかるのが目のはたらきである。

二足とは、第二にだいじなことは足であることを教える。足のはたらきによる敏捷な移動力すなわち「運足」である。目によって判断した間合をとることや、相手の攻撃に応じて、すばやく動くのも運足による。

ついで第三にあげたのが胆である。胆を精神力と理解することもできるが、ここでは、術理的に解して、丹田、すなわち下腹部の重心を保つということ、つまり、正しい姿勢を保っておれば、つねに体の重心が丹田におさまって体が安定する。そこではじめて、手のはたらきがあり、「わざ」が発揮される。

四力と称して、力を最後にあげている理由は、腕の力にたよって「わざ」を使用するときは、肩に必要以上に力が入って、姿勢が崩れ、運足が乱れる。そして動作が渋滞することを戒めたのである。要するに、柔術は、力をもって制御するのではなくて、力と力との激突をさけることを前提として工夫された武術である。

前にも述べたように、「柔」の字義は「柔能く剛を制す」という中国の兵書『三略』から引用したもので、さらにさかのぼれば、『老子』第七十八章の、「天下の柔弱なるもの、水に過ぐるは莫《な》し。而も堅強を攻むる者、能く勝るあるを知る莫し」という古語から出たという。また「水は方円の器に随う」という。水は環境の力にさからうことなく、つねに他にしたがって、自分の定形はない。だが、ひとたび勢いをえたときは、いかなる大厦高楼《たいかこうろう》をも流し去る大きな力を出す。すなわち、柔道では、「自然体」のはたらきを水の力にたとえたのであって、相手の力にさからうことなく柔弱であるけれども、その勢いをえたときは、相手の剛強を倒しておさえる力を発揮する。ここに「柔」をもって、この無手の武術に名づけた理由がある。

「柔の理」とは、この根本原理を説明したものであるが、その勢いをえて大きな力に転ずる契機となるものはなんであるか。すなわち、次節に述べる「崩しの理」である。

(3) 崩しの理　―相手の姿勢を崩して勝機をつくる―

「崩しの理」とは、弱力のものが強力のものを制御するための原理である。古流柔術の「わざ」の本質は「斬らずに抑える」ことであって、「倒すこと」と「抑えること」とが中心技法である。「倒す」ためには、相手の姿勢が「崩れ」た機会に乗じて「わざ」をかけるときに効果がある。そこで、「崩すこと」の研究が、柔術の「わざ」で最もだいじなことである。

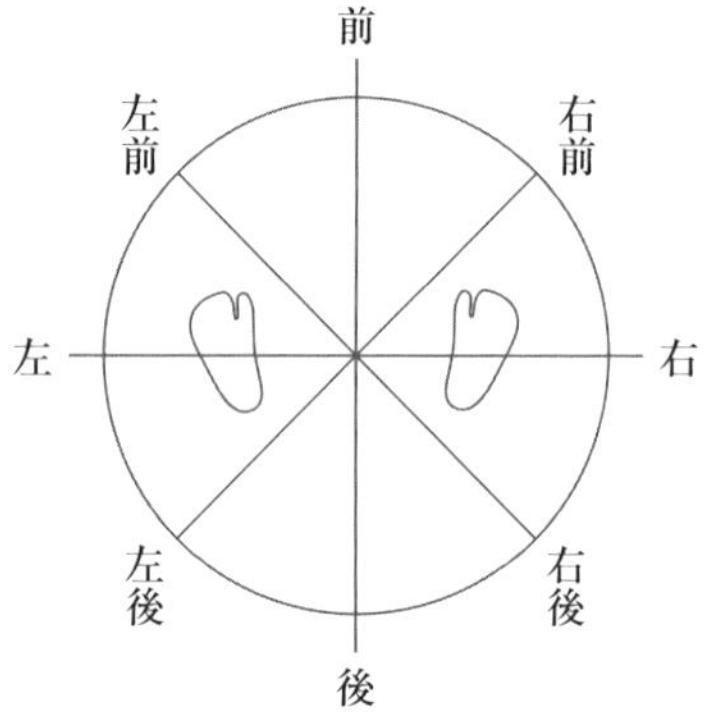

八方の崩し

さて、立っている人間が、倒れる方向を八つに分けて説明できる。すなわち、前後左右とその中間の方向とであって、これを、「八方の崩し」という(右上図参照)

そして、とくに「崩れ」やすい方向は、ふみ開いた両足を結んだ線の直角二等分線の方向である。つまり、体の前後の方向に、押したり、引いたりするときに「崩れ」やすい。

さらにまた、立っている人間の物理的慣性として、ひとたび前方に「崩れ」た場合には、姿勢を立て直そうとする反動で、かえって後方にも「崩れ」やすい状態になる。同様にして、後方に「崩れ」

た場合には、その反動で前方にも「崩れ」やすいのである。これを「反動の崩し」という。

たとえば、相手を後方へ崩そうとするときに、いったん前方へ引いて、相手が前に崩れまいとして体をもちなおす反動を利用して、押して出れば、目的とする後方へ崩すことができる。反対に、相手を前方へ崩そうとするときにかえって押して出る。相手が押されまいとする反動を利用して前方へ崩すことができる。このはたらきを「反動の崩し」という。

このように、力を加えて、人間の体を「崩す」場合に、単なる腕力だけで、押したり、引いたりするのではなくて、そのからだ全体の移動力、すなわち、運足の早さによってするときに、大きな効果がある。なぜなれば、前記の説明は、相手の足が動かないことを仮定しての説明である。じっさいは、押したり、引いたりするときに、相手も同様に移動するから、それよりも早い運足で移動しなければ「崩す」ことができない。

さらにもし、相手が自分に積極的に攻撃の力を加える場合には、前述の「柔の理」によって、その力を無効にしながら相手を「崩さ」なければならない。したがって、「柔の理」と「崩しの理」とは、つねに二にして一のはたらきをもたねばならない。

たとえば、相手が一メートル引くならば、自分はそれに順応して同時に、一メートル一〇センチを出ることによって、相手を後方に「崩す」ことができる。また、相手が一メートル押して出るならば、自分は同時に一メートル一〇センチをさがることによって、相手を前方に「崩す」ことができる。

さらに、じっさいはもっと複雑である。相手の加える多方向への力にも、順応しながら、しかも相手の動きよりも、つねに自分の動きが早く大きく、かつ、直線的でなく、円心力や求心力などの理論に合った移動をしなければならない。そこではじめて、弱い小さいものでも、強い大きい相手を「崩し」て「倒す」ための勝機を「つくる」ことができる。

「柔の理」は防御の立場についてのものであり、「崩しの理」は攻撃の立場についてのものである。だが、両者はつねに二にして一としてのはたらきをもたねばならない。これを「攻防一如」という。

しかも、「柔の理」と「崩しの理」とを、ともに生かしはたらかす基本の姿勢が「自然体の理」である。すなわち、この三理が一体となって「わざ」の妙味が展開される。これを総称して「柔道原理」という。

(4)「つくり」と「かけ」について

なお、「崩しの理」について、よく理解したならば、次にこの理を個々の「わざ」のうえに具体化した「つくり」と「かけ」について知らなければならない。

相手の姿勢を「崩し」て勝機をつくることとは、勝敗の分かれるだいじなことである。昔から、「まず勝って、しかる後にたたかう」とか、「勝つべくして勝つ」という言葉がある。これはつねに主動権をにぎってたたかうことの意味であって、換言すれば、「崩しの理」を生かすことをいったのである。

そこで、勝機を「つくる」ということの内容は、相手のバランスを「崩し」て「わざ」を「かけ」るための状勢を「つくる」ことである。「わざ」を「かけ」てじっさいに効果があるかどうかは、「つくり」の巧拙にかかっている。「わざ」を「つくり」と「かけ」とに分析するならば、「つくり」は目立たないが「かけ」が目立つ。いっぽんに、未熟者は「かけ」ることだけに気をとられて、「つくり」をおろそかにする。そこで、この理を理解するならば、「崩しの理」にしたがって「つくり」の基本練習に全力をあげなければならない。

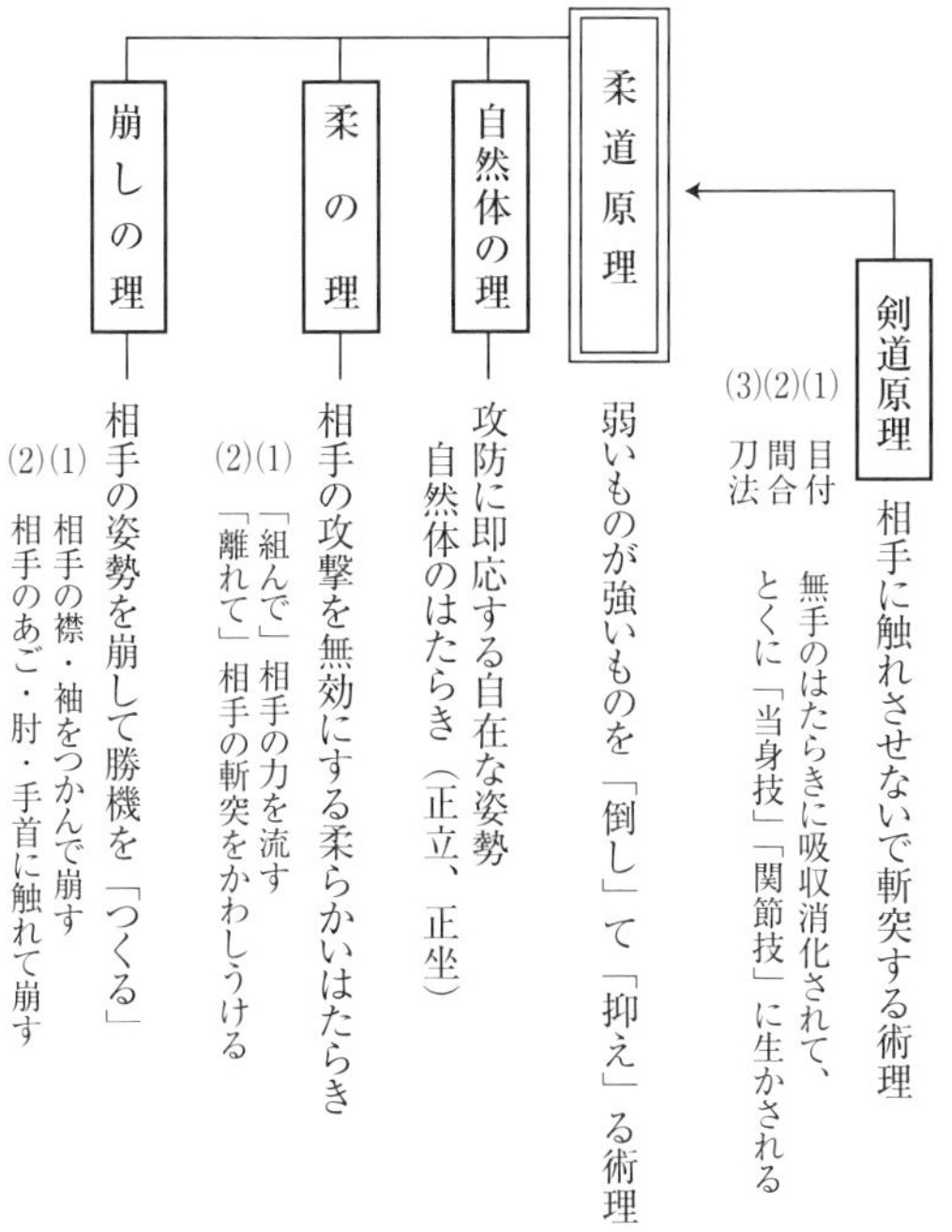

剣道原理
相手に触れさせないで斬突する術理
(1)目付
(2)間合
(3)刀法
無手のはたらきに吸収消化されて、とくに「当身技」「関節技」に生かされる
柔道原理
弱いものが強いものを「倒し」て「抑え」る術理
自然体の理
攻防に即応する自在な姿勢
自然体のはたらき（正立、正坐）
柔の理
相手の攻撃を無効にする柔らかいはたらき
(1)「組んで」相手の力を流す
(2)「離れて」相手の斬突をかわしうける
崩しの理
相手の姿勢を崩して勝機を「つくる」
(1)相手の襟・袖をつかんで崩す
(2)相手のあご・肘・手首に触れて崩す

柔道の原理

さて、「崩しの理」を具体化した「つくり」ということも、「組みついて」からの「つくり」と「離れて」勝機をつかまなければならない「当身技」の場合ではちがう。また、「組みつい」てからの「つくり」でも、襟、袖をつかんで「わざ」を「かけ」る投技の場合と腕をつかんで「わざ」を「かけ」る関節技の場合とではちがうの

である。

当身技における「つくり」は、相手の守っている間合いを破って主動権をにぎることが「つくり」であり、関節技における「つくり」は、さらに相手の腕に組みついた瞬間のつかみかたによる、「崩し」かたの研究を要する。「崩しの理」そのものの原理は変わらないが、「わざ」の種類と性格によって、具体的の「つくり」かたの方法が異なる。柔道の技術体系の中で「乱取」の「わざ」に属する襟、袖に組みついて「つくる」技術面は大いに発展普及したが、「形」の「わざ」に属する腕をつかんで「つくる」技術面である関節技や間合のとりかたによって「つくる」当身技の部門の研究は今後の課題としてのこされている。

以上の「柔道原理」を図解によって示せば前図のようになる。

5「柔道原理」と「剣道原理」

(1) 手刀法について

「柔道原理」は、弱力のものが剛強のものを「倒し」て「抑え」る術理である。また、「剣道原理」は相手の斬突を制して、自分が斬突する術理である。

江戸時代の初期、徳川頼宣《よりのぶ》（一六七一年没、七十歳）をして「柔術は武芸の母である」と感嘆させた関口流の開祖関口氏心《うじむね》（一六七〇年没、七十四歳）は、林崎流居合術の達人であった。起倒流の源流である良移心当流の福野正勝と小栗流の開祖小栗正信（一六六一年没、七十三歳）とは、ともに柳生石舟斎宗巌《むねよし》に師事して印可《いんか》をえた。

降って明治初年、大東流合気柔術中興の祖武田惣角《そうかく》（一八六〇～一九四三年）は、幼にして小野派一刀流剣術を学び、長じて直心影流の名剣士榊原《さかきばら》健吉の内弟子になった。さらに宝蔵院流槍術をも極めた。武田惣角の高弟植芝盛平（一八八三～一九六九年）は、はじめ天神真楊流、起倒流その他を習い、最後に大東流によって剣槍の術を極めた。そして合気柔術を合気道と改称して道主となった。

また、江戸以前に、柔術を小具足、腰廻りと称した理由は、小具足の着用にかわる平時の護身武術として工夫されたことを意味する。これらの史実は、柔術が剣の術理を吸収して発達したことを物語っている。とくに「当身技」と「関節技」の中に生かされて「手刀」のはたらきとして残された。

さきにも述べたように、明治の初、嘉納治五郎は、古い各流柔術に一貫する基本術理として、「柔道原理」を帰納し、新しい教育観に立って柔術の近代化を提唱した。

かつて嘉納師範が、次のように述べた。

「『柔道原理』で剣を使えば剣術となり、槍を使えば槍術となる」と。

それは「柔道原理」の中には「剣道原理」も吸収されていることを意味するものである。「手刀」のはたらきは、相手の打・突・蹴や武器による斬突を、刀法の術理で防御するばかりでなく、相手が自分に「組み」つこうとする瞬間にそれをとめるはたらき、また「組み」つかれてから、それを「離脱」するはたらきなど、すべて広い意味の「手刀」のはたらきとして理解することができる。

これらの技法の原点は、嘉納師範が古流柔術の代表として、とくにのこされた「古式の形」（起倒流柔術の形）の中に求めることができる。

(2) 合気乱取法について

「合気乱取法」とは、「当身技」と「関節技」とについての「乱取練習法」である。

古流柔術を近代化する方法は、嘉納師範によって示された。まず、各流柔術の「わざ」を分類整理する。さらに、格闘形体によってこれを類型化する。そして、危険な「わざ」を規制して、体育学的立場から体系的練習法を編成することである。

古流柔術は、古い封建時代に発生発達したのであるから、教育理念のうえでも技術面でも現代の教育上不適当な点が多い。これを改編して現代の体育文化として生かすための再吟味が必要である。これを柔術の近代化という。

嘉納師範は、お互いに「組む」という格闘形体に属する「投技」と「固技」とについて「乱取練習法」

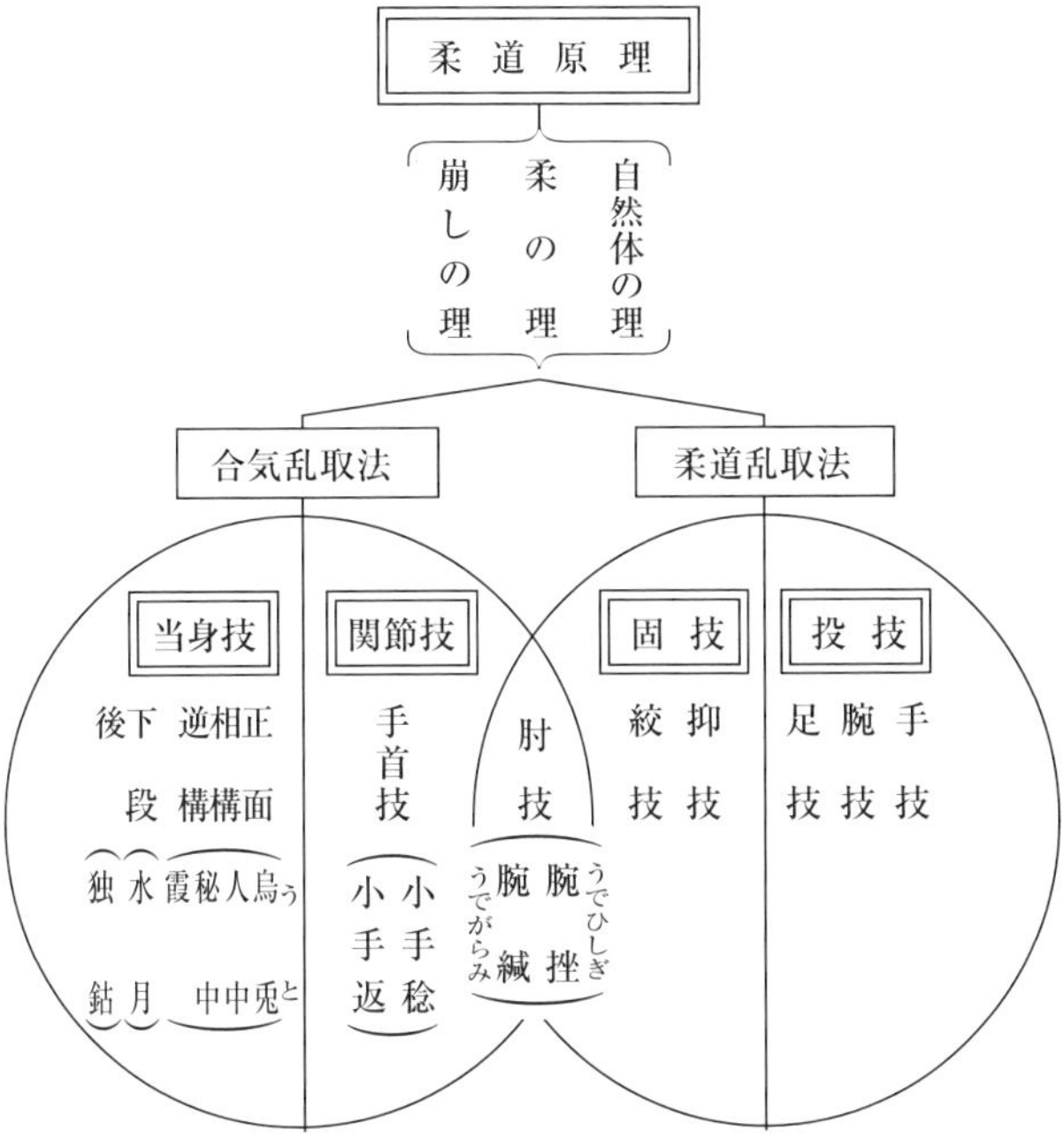

柔道原理と乱取法

をまとめた。その他の「離れ」たときの格闘形体に属する「当身技」や「関節技」については「形」として保存されて「乱取」のできる研究については保留された。対人格闘に属する柔術の「わざ」は、お互いに自由意志によって攻防を展開することが、技術の向上、精神の修練のために、だいじなことである。そのための方法が「乱取法」の研究である。「合気乱取法」は、嘉納師範の保留された部門について「乱取」さらに「試合」のできるように編成したものである。上に、これを図解によって示す。

参考資料●

【古流武術】関口新心流柔術、小栗流柔術、起倒流柔術、楊心流柔術、天神真楊流柔術、大東流合気柔術、講道館各形。

【文献】鈴木大拙全集、不動智神明録（沢庵）、剣道の発達（下川潮）、日本武道全集（今村嘉雄）、その他。

『柔道の本質 ―嘉納師範の柔道観とその実践―』

富木謙治が一九七七年七月に日本武道学会で発表した研究の参考資料から一部抜粋。全文は『武道論』（一九九一年 大修館書店）に収録されています。

（前略）

嘉納師範が古流各流の中で最も深遠な術理を表現するものとして、起倒流柔術の「形」二十一本（人の巻）を、そのまま講道館「古式の形」として保存した。

「古式の形」によれば、「柔道原理」として解明されている「自然体の理」「柔の理」「崩しの理」がよく表現され、これを修練することによって、「柔道の本質」の何であるかを知ることができる。

「古式の形」では、具体的に足・腰を使用する投技を表現していない。また、固技や当身技などの「わざ」そのものを示すことも少ない。だが、これによって、全体として表現された「自然体」の動き、リズム、力の配分、勝負の理などを学ばなければならない。

起倒流「天の巻」の冒頭に述べている「起倒ハヲキタヲルト訓ズ。起ルハ陽ノ形チ、倒ルハ陰ノ形チ也。陽ニシテ勝、陰ニシテ勝、弱ニシテ強ヲ制シ、柔ニシテ剛ヲ制ス。云々」の深い術理をよく表現している。

二十一本の「形」の全体を流れるものは「自然体」のはたらきによって、相手の攻撃にさからわず、その力を利用してかえって相手を崩して勝機をつくることである。そして「わざ」は起倒の名の示すように、立っても、寝ても、体の運用よろしければおのずから勝利のみちが開けることを教えている。そして個々の格闘形体と「わざ」の種類についても、その原点を教えている。

すなわち、襟袖をつかむばかりでなく、相手の前腕部とくに手首をつかんで、投げる。また、組みつかせないで投げ、当て倒す。手首をつかんで投げることを裏返せば、いわゆる関節技の多彩な変化にも通ずることを教えている。

要するに、柔道の「わざ」の種類には、投技、固技、関節技、当身技、の多くの「わざ」があるけれども、その根底にある術理は、いかに「つくり」いかに「かける」かということに分析される。その原点を教えるものが「古式の形」である。詳細は実技にまたなければならないけれども、以下「古式の形」表十四本について、その要旨を記して参考にする。

「古式の形」表十四本

(1) 体（たい）
(2) 夢中（ゆめのうち）

自然体によって相手を崩すには移動によるべきことと反動の崩しの理を教える。

(3) 力避（りょくひ）

―組みつかせないで倒すことを教える。

(4) 水車（みずぐるま）
(5) 水流（みずながれ）
(6) 曳落（ひきおとし）

手首や前腕部をつかんで倒すことの理を教える。そのことは裏がえせば、関節技の多彩な変化の原点になる。

(7) 虚倒（こだおれ）
(8) 打砕（うちくだき）
(9) 谷落（たにおとし）

手刀（広義）の多彩なはたらきについての原点となる。すなわち当身技の術理はここから展開される。

(10) 車倒（くるまたおし）

―接近格闘の捨身技の極致を教える。

(11) 錣取（しころどり）
(12) 錣返（しころがえし）

当身技の中核ともいうべき人中、烏兎《うと》、秘中などの当て方を教える。

(13) 夕立（ゆうだち）
(14) 滝落（たきおとし）

襟袖をつかんでの投げの妙理を教える。

「古式の形」は、柔道の「わざ」――「投技」「固技」「関節技」「当身技」――のすべての原点である。そして、その練習方法は、「乱取―試合」の練習ばかりでなく、「形」の練習の二つを実践することによって、よく柔道の技術面が体験される。嘉納師範の理想とする精神を理解するには、「わざ」から「みち」への修行を生涯つづけることがだいじである。（後略）

早稲田大学合気道部設立趣意書

わが国に伝わる古流柔術は、世界に誇るべき日本文化の一つである。これを集大成して世界性をもつ近代体育として生かしたものが、故嘉納治五郎先生の創始された講道館柔道である。

柔道の特色は、古流柔術の技の中から競技化に適するものを選んでまとめたことである。けれども、古流柔術の技には、競技化することのできない当身技や関節技があって、これをよく検討するならば、その術理の深さや変化において、また体育運動としての価値において、きわめて貴いものを含んでいる。これを競技柔道のような整った教育体系にまとめて、新しい体育として生かすことは、われわれに残された仕事である。

今日のこされている柔術の中で、とくに当身技と関節技に優れているものは、植芝盛平先生によって伝えられている合気道（源流を大東流合気柔術という）である。本学においては、さきの合気の技の体育運動としての価値を生かすために、その術理と身体の動きとを簡略して「柔道体操」を創案し、これを正課体育実技の一科として採用した。

このたびさらに、その難解な技術を普遍化するために、柔道の原理にしたがって整理し、「体育としての合気道」の教育体系をまとめた。これを運動部の一つとして、広く学生に実施して教育目的を全うしようとする。

古流柔術を現代体育の立場から生かすには、その教育理念を講道館柔道に求めなければならない。けれども、技術体系においては、柔道の技が「組方」の体勢を起点とするのに対して、合気の技は「離隔」の体勢を起点とする。これによって、現代の柔道がとりのこしている当身技や関節技を科学的に解明し、体系的教育法を確立することができる。古流柔術の優れた技を集大成して現代に生かすことの理想は、この教育体系を加えることによって、はじめて達せられるものと信ずる。

講道館柔道が創められてから、すでに七十六年。いまや民族を越えて世界に普及しつつある。欧米各地はもちろん、中南米または南方各地において、柔道家の活躍はめざましい。大学は将来国民の先達として国際的に雄飛すべき人材を育成する。したがって教養として柔道を課することの意義がここにある。けれども、これら海外における柔道の発展動向をみるに、いずれの地においても、競技柔道の技だけでなく、さらに合気の技の如き古流柔術のもつ技術面をも強く要求していることを知る。

本大学において、合気道部を設けて、新しい教育体系によって鍛錬工夫を積むことは、伝統の文化を正しく保存発展させるためばかりでなく、こうした柔道界の世界的趨勢に寄与せんとするためである。

昭和三十三年四月一日

早稲田大学合気道部長　富木謙治

道を中心に，各種の行事スポーツを含む長尺のフィルムを作成したことである。因みにそれは現在,日本武道館に所蔵されている。また当時新聞等で，日本のオリンピヤ遺跡だと報道された，長野県，霞ガ峯山系の旧御射山《ふるみさやま》の段丘（諏訪市域内）を体育史分科会のメンバーや，とくに富木氏の斡旋で，早大考古学研究室員，金井典美氏の協力のもとに，実地調査を試み，鎌倉武士団の狩猟の遺跡とも，諏訪神社の奥宮として流鏑馬など騎射競技の遺跡とも伝えられる。周囲1キロにも近い壮大な段丘に往事をしのんだことも忘れられない想い出である。

昭和43年日本武道館の斡旋で，日本武道学会が創設されるとともに，氏は常任理事となり，昭和49年からは副会長として，会の発展に大きく寄与された。その年次大会には座長として，シンポジウムの司会者，提案者として，誠実な統裁をする一方では，一学究としての謙虚に，しかしきわめて積極的に，毎大会に研究発表を続けられた。

柔道，合気道と関わりを持つ研究発表は，刊行されたものを中心に挙げてみると次の如くである。

1. 合気武術教程（12年），合気道入門12年目の,氏としての処女出版と云ってよい。

2. 柔道における離隔態勢の技の体系的研究（17年），前年講道館に設置された同称委員会での氏の主張をまとめたもので，この研究が，云わばオーソドックスな嘉納柔道を一歩踏み出した，文字通り互に取り組み合う以前の格技領域についての研究で，この限りでは時局を背景としたものであったが，皮肉にも，この領域研究が，戦後，合気道のスポーツ化として富木氏をとらえることになり，またそれ故に，合気道宗家との間に，「離隔」状態を作ったことも否定できない。

3. 日本武道の美と力（昭18）

4. 柔道体操（昭29）

5. 合気道入門（昭33）

6. 講道館護身術（同上）

7. 柔道と合気道（昭31，35），外人向に柔道と合気道の関係と特長を述べたもので，31年版は英文,35年版は仏文で書かれている。

8. 新合気道テキスト（昭38），すでに5年前に早大の保健体育必修科目の教材として合気道を導入した関係上，学生を含め，初心者用として著わしたものであるが，前にもふれたように，戦後合気道のスポーツ化に情熱的な研究を進め，その乱取形式が一応成立したのが前年（37）であったこととも関係する。

9. 体育と武道（昭45）早大退職直後の作，早大体育学専修科主任教授であり，柔道，合気道師範としての，退職最終講義を骨子としたものである。

富木氏が雑誌，新聞，紀要等に発表した論文や，研究会等で発表したものは夥しい数にのぼっている。中でも早大教育学部研究紀要，　講道館柔道科学研究会紀要での発表，月刊誌「柔道」への数十回にのぼる執筆内容等は，高く評価されており，事理両面に求め続けて，飽くことを知らない氏の面目躍如たるものがある。最後の論文は昨年，雑誌「新体育」10月号に発表した「日本武道の本質」であった。しかも病床での執筆であった。

氏は早大学生時代以来「禁酒，禁煙」を貫ぬき通した。その法名の如く謙譲温厚の有徳人であり，武道一筋にしかも常に日々新たな道を追求して新境地を開き，一諾を重んじ友情に厚く，師を敬し，「告別式には（都の西北）を歌ってほしい」と遺言したほど母校をこよなく愛した。文字通り文武兼ね備えた貴重な先導者であっただけに氏の長逝は，とくに武道学会にとっては痛恨の極みである。ここに，遺族の方々に対し，以上の如き不遜な表現を深くお詫びするとともに，心から哀悼を申し上げあらためて故人の功績と友情に限りなき賞賛と感謝を捧げ，ご冥福を祈ってやみません。　合掌

武道学研究　12－2（1980）

富木謙治副会長の長逝を悼む

会長　今 村 嘉 雄

旧臘25日，本学会副会長富木謙治氏が長逝され，中野の宝仙寺で葬儀が行なわれた。79歳であった。法号「謙徳院肇道圓心居士」，その生涯と業績のあらましを述べて追悼の意を表したい。

氏は20世紀元年，明治33年3月15日に秋田県仙北郡角館《かくのだて》町50（現15）番地に生まれた。周囲が士族町であったため尚武の風があり，6歳頃から木刀の素振りをさせられた。資性聡明で体力にも恵まれ，小学校4年から町の柔道場に通った。氏の柔道との長い旅はここからはじまる。県立横手中学では柔道部主将をつとめ，卒業の際には学力優等賞と体育賞を授けられた。中学卒業後上京，受験勉強中肺を犯され，4ケ年の闘病の末早稲田大学に進学（大正12年）政治学を専攻，かたわら，当時黄金時代にあった柔道部に入部，選手として活躍した。この大学時代に，その後の氏の武道家としての生涯に最も大きな影響を与えた嘉納治五郎師範と植芝盛平師と出合うことになる。とくに嘉納師範からうけた影響は大きく，氏が植芝氏の門をたたいたのも嘉納師範の示唆によるものと仄聞している。日本体育スポーツの開拓者，近代柔道の創始者，卓絶した教育者，教育行政家として高識の嘉納師範は，師範が意図的に見送った古式柔道の領域開拓を，空手・合気の両道により補なうべく船越義珍，大塚博紀，植芝盛平の諸氏に期待し，協力を惜しまなかった。富木氏が植芝道場に入門したのは，大学卒業の前年の大正15年である。氏は，更に経済学を研究すべく大学院に進むのであるが、その2年目（昭和3年）講道館から5段を許される。当時学生としては最高の段位であった。嘉納師範の柔道原理によって，合気道を広義の柔道ととらえた富木氏は，精進実に15年の後，合気道8段を許され，合気道免許第1号を受け，植芝門下の第1人者となる。太平洋戦争のおこる前年である。当時氏は，満州にあった。昭和10年，壮志を新天地に馳せて渡満した氏は，大同学院，建国大学教授として，かたわら柔道，合気道の指導に当ったが，太平洋戦争とともに，二代講道館長南郷次郎氏による「離隔態勢に於ける技の研究委員会」のメンバーとして19年まで，毎年出席する。

終戦，満州国崩壊，3年余にわたるシベリア抑留の苦患の生活を堪え抜いた氏は，昭和23年復員，秋田にかえるが，翌年上京，講道館に入り，柔道の復活につとめ，同年母校早大の非常勤講師となり，専任講師（26年）教授（29年）と昇進し，昭和45年，70歳で定年退職するまで21年間後進の指導に当った。この間「体育史」,「体育論」の講義を担当，柔道部師範，体育局教務主任，合気道部創設，合気道の単位取得化，教育学部体育専修科主任教授を歴任，学外活動としては，講道館事務局担当，全柔連常任幹事（25～29）「講道館柔道使節団」メンバーとして米国13州その他を巡回指導等，戦後柔道と合気道振興に大きく寄与した。

古稀で退職してからの氏の武道に対する情熱は指導の面でも研究の面でも，いささかも衰えをみせなかった。それは他界されるまで国士舘大学客員教授，警察大学校講師，日本武道館武道学園講師，日本武道学会副会長，全日本柔道連盟幹事，日本合気道協会会長の要職にあったことや，退職以前のものを含め，後述する論文や刊行書の多数によっても証することができる。

富木氏の学会活動の中で私との関わりについて触れることを許していただきたい。氏と私との出合いは，昭和25年に日本体育学会が発足し，体育史分科会が設けられたのと同時である。氏との関わりで，この分科会活動としての忘れられない想い出は，オリンピック東京大会を機として，氏を代表者として「日本の伝統的スポーツ史」についての共同研究の名目で文部省から科学研究費の補助を受け，武

富木謙治　遺訓

師と弟子とはともに真理を愛し、真理を求め、真理の前に謙虚でなければならない。

道は先行者の業績に発し、後続者の業績によって達せられる。

師の業績を母胎とし足台として、これを超克して進む。これが即ち創造である。

弟子によって継承され否定され、そしてより高いものに統合される。これがすなわち発展である。

ここに師弟の敬と愛とが生まれる。

師を敬い弟子を愛することは、真理を敬い真理を愛することに外ならない。


これは一九七〇年、富木謙治が早大の教授職を退職するにあたり、その最終講義で「教育愛」と題して発表した言葉である。

あとがき

本書は、学生の皆さんのために、故富木謙治先生が研究された合気道を学ぶ者の副読本として企画編集したものです。したがって、若い人の理解に資するために、本文に沿った原音ＤＶＤも添付しましたし、人名等についての解説も挿入しました。また、録音の中で実技に触れて、「こう」「そう」「これ」「あれ」などの音声のみが残されているところは、座談会に参加していた井上斌さんに加えて北山正信さんと佐藤忠之師範の三人で再現を試み、できる限り具体的に記述するように心がけました。それでも、原音ＤＶＤを参考に読者に想像していただくしかないところも残りました。

本書の副題を、「柔術を科学的に解明して、世界の『体育』に」としました。富木先生のお話に一貫している壮大なテーマであると思います。本来は極めて主観的な性格を持つ武術、つまり客観化できる唯一の場は生死をかけた真剣勝負しかないとも言える武術を、客観化する試みの一つがルールのもとでの競技化であると考えられます。競技化することによって、合気道そのものを客観視することができるようになり、競技者も自らを客観視する機会を得ることができます。単にチャンピオンを決めるための競技化といった皮相な発想でないことは、一読すれば十分理解できるものと思います。

本書を読む（聴く）にあたって、この座談会が行われた当時の状況にも触れておきたいと思います。

この口述が行われた一九七五年（昭和五十年）当時、富木先生は七十五歳で、短刀乱取競技への参加校は年々増加し、他の学生合気道団体との合同開催でしたが、前年には日本武道館で、同年には大阪大学で全日本学生合気道競技大会が開催されました。短刀乱取競技が誕生期から成長期に入った時代と言って良いと思います。富木先生のお話を唯々鵜呑みにする愚を避け、このような時代背景も十分踏まえて、先生の真意を正しく理解したうえで、乱取り合気道の更なる研究を進めることになると思います。

テープ起こしを申し出たものの、富木先生の古今東西の博識と秋田訛りに苦しんで、数秒足らずのセンテンスを何十分も聞きなおしたりしながら、あらすじのない七時間の原音から抜粋、編集してひと通りのストーリーに構成するのは容易なことではありませんでした。株式会社フライアウト企画の江川裕子さんの助力がなければ到底纏まるものではなかったと思います。本当にありがとうございました。また、本書の刊行を、早稲田大学合気道部創部六十周年記念事業としていただいたことに感謝申し上げます。なお、七時間の原録音と全音テープ起こし原稿は、今後稲門合気道会で管理していただきますので、別途研究資料として活用いただければ望外の喜びです。最後に本書の出版にご尽力いただいた武道教育協会の安田光敦様と島津書房社長村瀬博一様に御礼申し上げます。

二〇一六年八月三十一日

藤田世潤

〈引用参考文献等〉

富木謙治著『武道論』一九九一年　大修館書店
佐藤忠之著『富木合気道の実力 崩しの黄金法則』二〇〇八年　ベースボール・マガジン社
工藤龍太著『近代武道・合気道の形成「合気」の技術と思想』二〇一五年　早稲田大学出版部
佐藤忠之・志々田文明著『富木謙治の合気道 ―基本から乱取りへ―』二〇〇八年　ＢＡＢジャパン
笹間良彦著『図説：日本武道辞典』二〇〇三年　柏書房
工藤雷介編『柔道名鑑』一九六五年　柔道名鑑刊行会
工藤雷介編『柔道名鑑』一九八九年　柔道名鑑刊行会
月刊『柔道』公益財団法人講道館
公益財団法人講道館ウェブサイト

富木《とみき》 謙治《けんじ》

1900年（明治33年）～1979年（昭和54年）。秋田県角館町（現仙北市）に生まれ、秋田県立横手中学校（現横手高等学校）を経て、早稲田大学政治経済学部卒業。元「満洲国」建国大学教授、元早稲田大学教育学部教授、元日本合気道協会会長。合気道八段、講道館八段。元早稲田大学柔道部師範、元早稲田大学合気道部長。嘉納治五郎から直接の薫陶を受け、植芝盛平のもとでの修行を始め、多くの古流武術を研究し、教育者として柔術の近代化と合気道の競技化の研究に生涯をささげた。

稲門合気道会《とうもんあいきどうかい》

早稲田大学柔道部合気班を母体として、1958年（昭和33年）4月に設立された早稲田大学合気道部のOB会で、早稲田大学校友会の公認団体。2016年（平成28年）現在、会員数は約500名。会員の中から編集代表の井上斌ほか、北山正信、藤田世潤、佐藤忠之の4名がこの口述録の編集にあたった。

富木謙治口述　合気道と柔道

平成二十八年十月二十一日　発行

平成二十九年八月十日　二刷

著作者　稲門合気道会

発行者　村瀬博一

発行所　㈱島津書房

埼玉県入間郡毛呂山町南台三－一四－一七

郵便番号　三五〇－〇四六四

電話　（〇四九）二七六－六七〇〇

FAX　（〇四九）二七六－六七〇一

DVD VIDEO

富木謙治口述 合気道と柔道　稲門合気道会 編

1975 年（昭和 50 年）頃から月 1 回のペースで開催された富木謙治先生を囲む座談会の録音を、本編に合わせて編集しました。合気道をはじめ武道について思いつくまま語る富木先生の肉声を収めた貴重な音声データです。懐かしい富木先生のお声をお聞きください。

収録時間 3時間50分

秘蔵録音を初公開!

【 DVDビデオ 再生上のご注意 】●DVDビデオはDVD対応のプレーヤーまたはDVDビデオ対応のPCで再生してください。●ディスクにはコピーガード信号が入っているため、コピーはできません。

【 取り扱い上のご注意 】●ディスクは両面共、指紋、汚れ、キズ等をつけないように取り扱ってください。●ディスクが汚れたときは、専用のクリーナーをご使用ください。溶剤等は使用しないでください。●ディスクは両面共、鉛筆、ボールペン、油性ペン等で文字や絵を書いたり、シール等を貼付しないでください。

【 保管上のご注意 】●直射日光の当たる場所や、高温、多湿の場所には保管しないでください。●ディスクは使用後、元のケースに入れて保管してください。